5-7, rue de l'Ecole-Polytechnique, 75005 Paris

www.harmattan.com
diffusion.harmattan@wanadoo.fr

ISBN : 978-2-343-08932-4
EAN : 9782343089324

Un politique brisé

Ouverture philosophique

Collection dirigée par Aline Caillet, Dominique Chateau, Jean-Marc Lachaud et Bruno Péquignot

Une collection d'ouvrages qui se propose d'accueillir des travaux originaux sans exclusive d'écoles ou de thématiques.

Il s'agit de favoriser la confrontation de recherches et des réflexions, qu'elles soient le fait de philosophes « professionnels » ou non. On n'y confondra donc pas la philosophie avec une discipline académique ; elle est réputée être le fait de tous ceux qu'habite la passion de penser, qu'ils soient professeurs de philosophie, spécialistes des sciences humaines, sociales ou naturelles, ou… polisseurs de verres de lunettes astronomiques.

Dernières parutions

Gérard GOUESBET, *Violences de la nature*, 2016

Olivier VERDUN, *L'énigme de la domination*, 2016

Michel FATTAL, *Du bien et de la crise, Platon, Parménide et Paul de Tarse*, 2016.

René PASSERON, *L'amour refus*, 2016

Mouchir Basile AOUN, *La Cité humaine dans la pensée de Martin Heidegger. Lieu de réconciliation de l'être et du politique*, 2016.

Nikos FOUFAS, La critique de l'aliénation chez le jeune Marx, 2016.

Patrick MBAWA DEKUZU YA BEHAN, *Le paradoxe du pardon chez Paul Ricoeur. De la gratuité à la gratitude*, 2016.

Hélène MICHON, Tamás PAVLOVITS, *La sagesse de l'amour chez Pascal*, 2016.

Philippe FLEURY, *Figures du gnosticisme*, 2016.

Auguste NSONSISSA, *La grammaire de la signification. Querelle des fondements de la philosophie contemporaine du langage,* 2016.

Pascal GAUDET, *Qu'est-ce que la philosophie ?, Recherche kantienne,* 2016.

Godefroy NOAH ONANA, *Tradition et modernité. Rupture ou continuité ?,* 2016.

Benoît BASSE, *De la peine de mort en philosophie, Quel fondement pour l'abolition ?,* 2016.

Babette Babich

Un politique brisé

Le souci d'autrui, l'humanisme et les juifs chez Heidegger

L'Harmattan

Du même auteur

La fin de la pensée? Philosophie analytique contre philosophie continentale. Paris, L'Harmattan, 2012.

Chez d'autres éditeurs :

The Hallelujah Effect: Philosophical Reflections on Music, Performance Practice and Technology. [*Popular and Folk Music Series*] Surrey, Ashgate, 2013.

Nietzsches Wissenschaftsphilosophie. »Die Wissenschaft unter der Optik des Künstlers zu sehn, die Kunst aber unter der des Lebens«. Traduction de Harald Seubert et al., en collaboration avec l'auteur. [*German Life and Civilization*, N°. 52] Oxford, Peter Lang, 2010.

»Eines Gottes Glück, voller Macht und Liebe«. Beiträge zu Nietzsche, Hölderlin, Heidegger, Traduction de Harald Seubert, Heidi Byrnes, et Holger Schmid, en collaboration avec l'auteur. Weimar, Bauhaus Universitätsverlag 2009.

Words in Blood, Like Flowers: Philosophy and Poetry, Music and Eros in Hölderlin, Nietzsche, Heidegger, Albany, State University Press of New York, 2006, 2007.

Nietzsche e la Scienza: Arte, vita, conoscenza. Eroismo del Pensiero e seduzione della verità. Traduction de Fulvia Vimercati [*Scienza e Idee*, N°. 19] Milan, Raffaello Cortina Editore, 1996.

Nietzsche's Philosophy of Science: Reflecting Science on the Ground of Art and Life, Albany, State University Press of New York, 1994.

Éditeur

Patrick Aidan Heelan, *The Observable: Heisenberg's Philosophy of Quantum Mechanics.* « Foreword » par Michel Bitbol. « Editor's Foreword » par Babette Babich. Oxford, Peter Lang, 2016.

Directeur : Ouvrages collectifs

Hermeneutic Philosophies of the Social Sciences. Berlin, de Gruyter, 2016.

The Multidimensionality of Hermeneutic Phenomenology. Frankfurt am Main, Springer, 2014. [avec Dimitri Ginev]

Heidegger und Nietzsche. Amsterdam, Rodopi, 2012. [avec Holger Zaborowski et Alfred Denker]

Nietzsche, Habermas, and Critical Theory. Amherst, New York, Humanity Books, 2004.

Hermeneutic Philosophy of Science, Van Gogh's Eyes, and God: Essays in Honor of Patrick A. Heelan. [Boston Studies in the Philosophy of Science, N°. 225] Dordrecht, Kluwer. 2002.

Proceedings of the 35th annual meeting of the North American Heidegger Conference at Fordham University: Heidegger on Science and Technology. May, 2001.

Nietzsche, Theories of Knowledge and Critical Theory: Nietzsche and the Sciences I [Boston Studies in the Philosophy of Science, N°. 203] Dordrecht, Kluwer. 1999.

Nietzsche, Epistemology and Philosophy of Science: Nietzsche and the Sciences II [Boston Studies in the Philosophy of Science, N°. 204] Dordrecht, Kluwer. 1999.

From Phenomenology to Thought, Errancy, and Desire: Essays in Honor of William J. Richardson, S.J. [Phænomenologica] Kluwer Academic Publishers, Dordrecht. 1995.

Continental and Postmodern Perspectives in the Philosophy of Science. Aldershot, Avebury, 1995. [avec Debra B. Bergoffen et Simon V. Glynn]

Du souci d'autrui et de la sollicitude chez Heidegger

Qu'est qu'une éthique ?

Les tragédies de Sophocle, si l'on peut faire ce rapprochement, abritent plus originellement l'ethos dans leur dire que les leçons d'Aristote sur « l'Ethique ».

Avant-propos. Le politique et le jugement

« Quelle est l'orientation du 'souci', sinon de réinstaurer l'homme dans son essence ? »

~ Heidegger, *Lettre sur « l'humanisme »*[1]

MÊME QU'APRÈS LA GUERRE, ceux qui s'intéressent aujourd'hui à la pensée éthique et politique de Heidegger ont tendance à se perdre dans les débats relatifs à son nazisme, des débats qui fleurissaient déjà sous le Troisième Reich (Heidegger fut ainsi accusé d'avoir son nazisme à lui) et qui, après sa chute, se poursuivirent avec des critiques largement dans l'air du temps[2]. Après Guido Schneeberger au début des années 1960[3], il faudra compter sur les scandales encore plus fameux initiés par Victor Farías et Emmanuel Faye. La plus récente accusation portée contre Heidegger, et sans doute la plus grave, lui impute à présent d'avoir soutenu ce que l'éditeur scientifique des « Cahiers noirs », Peter Trawny, appelle un « antisémitisme historial »[4]. Ce n'était en réalité un secret pour personne. Le rôle

---

1 Martin Heidegger, *Über den Humanismus. Brief an J. Beaufret, Paris*, Berne, Francke, 1954.

2 Voir Karl Löwith, « Les implications politiques de la philosophie de l'existence chez Heidegger », *Les Temps Modernes*, novembre 1946, n° 14, pp. 343-360, republié par Joseph Cohen et Raphaël Zagury-Orly dans *Les Temps Modernes*, 2008, vol. 4, n° 650, pp. 10-25 ; voir aussi Alphonse de Waelhens, « La philosophie de Heidegger et le nazisme », *Les Temps Modernes*, juillet 1947, n° 22, pp. 115-127, repris lui aussi dans *Les Temps Modernes*, 2008, vol. 4, n° 650, pp. 26-36.

3 Guido Schneeberger, *Ergänzungen zu einer Heidegger-Bibliographie*, Berne, Buchdruck Suhr, 1960.

4 Voir Peter Trawny, « Heidegger et l'anti-sémitisme », *Le Monde*, 20 janvier 2014. Portée par tout un contexte politique et national, cette accusation accompagne la publication récente, chez Klostermann, des dits « Cahiers noirs » : *Überlegungen II–VI (« Schwarze Hefte » 1931-1938)*, *GA* 94, et tomes suivants. Voir également, et avant, cette autre publication : Emmanuel Faye (éd.), *Heidegger, le sol, la communauté, la race*, Paris, Beauchesne, coll. 'Le grenier à sel', 2014.

de Heidegger sous le régime national-socialiste avait déjà été mis au jour, notamment par Karl Jaspers. Quoique Jaspers ait pris ses distances d'avec Heidegger (bien que d'une manière complexe), il était non seulement un de ses plus anciens et meilleurs amis, mais il partageait aussi certains aspects du projet intellectuel qui était le sien[5]. Outre par leur rivalité en tant que penseurs, leur relation fut cela dit compliquée par Hannah Arendt, que Heidegger avait « transférée » à Jaspers par sollicitude, au sens de la sollicitude que nous traiterons ici, encore que le sens freudien du terme transfert puisse être également envisagé ici. Finalement, Hannah Arendt les réunissait tout en les séparant. Dans cette relation complexe où, à l'amitié personnelle, se mêlent l'entraide académique, le partage de certains intérêts philosophiques (Nietzsche entre autres) autant qu'une concurrence intellectuelle animée de diverses passions dont l'attrait pour la philosophie publique, c'est Jaspers qui fut à la fois l'ami blessé et le collègue désappointé.[6] Sitôt après la guerre, dans les procès de « dénazification », Jaspers fut l'auteur de la « *Gutachtung* » la plus importante dans le cadre de la procédure qui visait Heidegger — comme bien d'autres scientifiques allemands d'ailleurs — ; il y jugeait son passé comme son potentiel pour l'avenir.

Après l'examen de toutes les pièces du dossier, Heidegger fut interdit d'enseigner entre 1945 et 1949. Il ne reprit les cours en réalité qu'après être devenu professeur « émérite » en 1951[7] —

---

5 On pourrait dire, quoique cela compliquerait les choses, que le livre de Theodor Adorno, *Jargon der Eigentlichkeit. Zur deutschen Ideologie*, Francfort-sur-le-Main, Suhrkamp, 1964, a plutôt Jaspers comme sujet que Heidegger. Pour une discussion générale de Heidegger et de Jaspers, voir notre contribution : « Jaspers, Heidegger, and Arendt: On Politics, Science, and Communication », *Existence*, 2009, vol. 4, n° 1, pp. 1-19 ; pour une vue d'ensemble des sources primaires, voir Martin Bernd (éd.), *Martin Heidegger und das "Dritte Reich". Ein Kompendium*, Darmstadt, Wissenschaftlich Buchgesellschaft, 1989.

6 Sur ce point également, notre étude : « Jaspers, Heidegger, and Arendt: On Politics, Science, and Communication », art. cit., et cette autre : « Thinking on Film: Jaspers, Scholem, and Thinking in Margarethe von Trotta's Hannah Arendt », *German Politics and Society*, 118, vol. 34, n° 1 (Spring 2016): 77-92.

7 Voir Günther Figal, « Einführung », dans Martin Heidegger, *Heidegger Lesebuch*, Francfort-sur-le-Main, Klosterman, 2006, p. 38.

amère ironie pour Heidegger, dont il témoigne d'une manière pesante en appendice du livre du Père William Richardson, *Heidegger: Through Phenomenology to Thought*[8].

Sans excuser Heidegger (et cela ne serait de toute façon pas possible), mais pour mieux comprendre ce contexte, considérons le sort des autres recteurs nazis de Fribourg après lui. Eduard Kern fut son successeur immédiat (entre 1934 et 1936). Suivant le *Reiningungsausschusse* de 1945, ce juriste fut très rapidement nommé *Ordinarius* à la faculté de droit de Tübingen. Le géographe Friedrich Metz, qui à son tour lui succéda entre 1936 et 1938, fut interdit d'enseigner et congédié de l'Université. Il retrouvera cependant un poste de professeur à Heidelberg en 1954 après avoir été chef de l'*Alemannischen Institute* de Fribourg et avoir conservé son poste de directeur de la *Freiburger Geographischen Gesellschaft* — fonction qu'il avait déjà occupée à Fribourg sous les nazis, de 1936 à la fin de la guerre.

Le zoologiste Otto Mangold, qui fut recteur pour sa part entre 1938 et 1940, se distinguait par son antisémitisme virulent et ouvert. Lui aussi fut interdit d'enseigner mais, dès 1946, il fondait, pour le diriger, le *Heiligenberg-Institut* pour la biologie expérimentale. Il restera à ce poste jusqu'à sa retraite en 1953. Le successeur de Mangold en 1940, Wilhelm Suess, était, lui, un mathématicien et fut le dernier recteur nazi à Fribourg. Membre du parti, il était sans conteste beaucoup plus fidèle à la ligne du national-socialisme que ne l'était Heidegger. Si Suess fut placé sous *Lehrverbot* en 1945, il retrouva son poste de professeur à Fribourg la même année.

Que nous montre ce rappel ? *Simplement* que Heidegger fut le seul recteur nazi à avoir rempli cet office pendant moins de deux ans — il avait alors remplacé Wilhelm von Möllendorf qui, lui, n'avait exercé cette charge que deux semaines [9] puisqu'il était un démocrate socialiste et, comme tel, *persona non grata*.

---

[8] William J. Richardson, SJ, *Heidegger: Through Phenomenology to Thought*, La Haye, Nijhoff, coll. 'Phaenomenologica', 1963, p. 678-79.

[9] Wilhelm von Möllendorf démissionna après deux semaines. Roger Kimball nous

À la différence de ses collègues, Heidegger écopa de l'interdiction d'enseigner la plus longue avant de récupérer un poste universitaire. Hannah Arendt fera remarquer plus tard que, comparé aux autres (et de telles comparaisons étaient importantes dans les procès de dénazification),

> Heidegger avait corrigé son « erreur » plus rapidement et plus radicalement que beaucoup de ceux qui plus tard le jugeront — il a pris des risques considérablement plus importants que n'était le cas dans les milieux littéraires et universitaires dans l'Allemagne de cette époque.[10]

Mais si ces histoires de contexte ont tendance à nous ennuyer, la *dénonciation* nous amuse — et il est impossible d'exagérer cette tendance, ce que la nouvelle réapparition du scandale Heidegger rend évident. Depuis un certain temps déjà, nous sourions du sport académique qui consiste à dénoncer la politique de Heidegger à tout niveau possible. On l'a dit, la chose a commencé avec Löwith et de Waehlens, s'est poursuivie avec Guido Schneeberger, puis a continué avec Victor Farías et, plus récemment, avec Emmanuel Faye et Peter Trawny suite à la publication des *Cahiers noirs,* lors même que Thomas Sheehan,

---

apprend que Möllendorf, parce qu'il était un démocrate social, a été démis de ses fonctions immédiatement après son élection ; il ajoute que Heidegger « avait accepté le rectorat, [Hugo Ott] nous le dit, seulement pour sauvegarder l'Université et après y avoir été poussé par ses collègues Möllendorf et Joseph Sauer, le précèdent recteur. Mais il apparaît que Sauer et Möllendorf avaient bien plus de doutes sur les qualifications de Heidegger – et sur ses ambitions – qu'ils ne l'admettaient. Ainsi, selon Ott, Sauer a écrit dans son journal intime que son collègue, Walter Eucken, est venu le trouver pour se plaindre du fait que Heidegger « agissait uniquement dans ses intérêts selon le système du *Führer.* Il se sent né philosophe et *Führer* spirituel de nouveau mouvement, le seul penseur dominant depuis Héraclite » – Roger Kimball, « Heidegger at Freiburg, 1933 », *The New Criterion*, juin 1985 ; En même temps, et nous sommes reconnaissant au livre de Hugo Ott, *Martin Heidegger, éléments pour une biographie* (trad. fr. de Jean-Michel Beloeil, Paris, Payot, coll. 'Bibliothèque historique', 1990) de nous l'avoir appris, la politique académique pour Heidegger est compliquée par le fait qu'être un chercheur avec rang de professeur dans une université allemande vous rend automatiquement *Beamter*, c'est-à-dire haut-fonctionnaire de l'État.

10 Hannah Arendt, « Martin Heidegger a quatre-vingt ans », dans *Vies politiques* (1974), Paris, Gallimard, coll. 'Tel', 2012, p. 307/320.

Richard Wolin et Tom Rockmore l'ont longtemps exercé parmi les myriades d'autres qui ont suivi ce chemin[11].

Il est signifiant que le scandale des *Cahiers noirs* ait commencé en France, réverbère de là, puis ait gagné l'Angleterre et les États-Unis, avant d'arriver, mais avec moins d'énergie et de poids, en Allemagne. J'ai soutenu ailleurs qu'au-delà du contexte historique qui informe les différences traditionnelles de réception d'un pays à l'autre, il y a aussi une diminution croissante d'intérêt pour Heidegger en Allemagne[12]. Ceci est la résultante de la politique de nomination aux postes universitaires des chercheurs ayant reçu une formation en philosophie analytique. Cette tendance est confirmée, à l'inverse, par le peu de postes pour les chercheurs — notamment pour les spécialistes de l'oeuvre de Nietzsche et de Heidegger — travaillant dans une perspective continentale (c'est-à-dire avec une approche explicitement historique et herméneutique, bref une approche qui s'appuie sur la lecture des textes)[13]. Si Husserl et, dans une moindre mesure, Merleau-Ponty ne sont, eux, pas oubliés, c'est en raison d'une meilleure coïncidence de leurs écrits et de leurs recherches avec les intérêts analytiques.

Il existe une tradition longue et bien établie de critiques contre Heidegger soutenant ouvertement, à tout le moins tacitement, que l'étude de son œuvre devrait être éliminée du champ intellectuel. Cette position reprend et prolonge aisément

---

11 Voir en particulier Guido Schneeberger, *Nachlese zu Heidegger. Dokumente zu seinem Leben und Denken*, Berne, Franke, 1962 et, plus près de nous, Emmanuel Faye, *Heidegger, l'introduction du nazisme dans la philosophie. Autour des séminaires inédits de 1933-1935*, Paris, Albin Michel, coll. 'Bibliothèque Albin Michel des idées', 2005. Pour une vue d'ensemble, voir Rüdiger Safranski, *Heidegger et son temps*, trad. fr. d'Isabelle Kalinowski, Paris, Grasset, 1996, aussi bien qu'Ernst Nolte, *Heidegger. Politik und Geschichte im Leben und Denken*, Berlin, Propyläen, 1992. Voir aussi Günther Neske et Emil Kettering (éds), *Martin Heidegger and National Socialism: Questions and Answers*, trad. angl. de Lisa Harries et Joachim Neugroschel, New York, Paragon House, 1990.

12 Voir notre *La fin de la pensée ? Philosophie analytique contre philosophie continentale*, Paris, L'Harmattan, coll. 'Commentaires philosophiques', 2012.

13 Pour une critique polémique et ironique de la politique qui gouverne, en France, les postes universitaires autant que les honneurs, voir *ibid.*

l'*animus* dirigé contre la philosophie dite continentale. Certains de ces arguments *contra* ont été publiés et même republiés dans de nombreux livres sur Heidegger et la politique[14], bien qu'accompagnés par les interventions très subtiles de Reiner Schürmann[15], Jacques Derrida[16], aussi bien que de Philippe Lacoue-Labarthe. C'est l'intervention de Graeme Nicholson qui, à mon sens, reste la plus réfléchie[17]. On pourrait toutefois – et lorsque l'on commence à vraiment lire les « Cahiers noirs » on verra pourquoi on devra – citer également les réflexions subtiles de Dominique Janicaud sur la technique et le politique chez Heidegger. On pourra finalement y ajouter désormais le chapitre sur Heidegger du livre du théoricien politique Tracy Strong, traitant de plusieurs penseurs « sans vision » qui, selon son sous-titre, travaillent « sans balustrade » (un mot bien ésotérique de Hannah Arendt)[18]. Sûr qu'il faudra s'attendre à l'avenir à bien d'autres jugements de bien d'autres chercheurs — c'est déjà le cas pour Jean-Luc Nancy. C'est là toujours le résultat du scandale[19].

---

14 Voir en particulier les textes d'Alexander Schwann et Reiner Schürmann dans Karsten Harries et Christoph Jamme (éds), *Martin Heidegger. Politics, Art and Technology*, New York, Holmes & Meier, 1994, comme, en réponse à Emmanuel Faye, les textes dans Massimo Amato, François Fédier, *et al.*, *Heidegger, à plus forte raison*, Paris, Fayard, coll. 'Histoire de la pensée', 2007.

15 Voir Reiner Schürmann, *Le principe d'anarchie. Heidegger et la question de l'agir*, Paris, Seuil, coll. « Ordre philosophique », 1982, et son article, « Tragic Double Binds », dans Karsten Harries et Christoph Jamme (éds), *Martin Heidegger*, *op. cit.*, pp. 89-105.

16 Jacques Derrida, *De l'esprit. Heidegger et la question*, Paris, Galilée, coll. 'La philosophie en effet', 1987.

17 Graeme Nicholson, « The Politics of Heidegger's Rectoral Address », *Man and World*, 1987, vol. 20, n° 2, pp. 171-187.

18 Voir le chapitre de Tracy B. Strong sur Heidegger dans son *Politics Without Vison : Thinking Without a Banister*, Chicago, University of Chicago Press, 2012, p. 263 *sqq.*

19 D'où nombre de conférences comme celle de Paris en janvier 2015 organisée par Joseph Cohen et Raphaël Zagury-Orly à la Bibliothèque nationale de France et au Centre culturel irlandais à Paris.

Vers une définition de l'éthique

« Si l'on peut se permettre ce rapprochement, les tragédies de Sophocle abritent plus originellement l'ἦθος dans leurs dires que les leçons d'Aristote sur l'Éthique ».

~ Heidegger

« quand écrirez-vous une éthique ? »

L'IMPORTANCE de ces réflexions contextuelles fortement politiques semble tenir en leur avertissement sous-jacent : quoique l'on puisse dire à propos de l'assistance (*Fürsorge*) heideggérienne en un sens éthique, en tant qu'éthique, notre propos risque fort d'être gâché d'avance[20]. Peu importe quelle serait cette éthique, le fait est qu'elle n'a manifestement pas réussi à interdire le nazisme. En revanche, nous ne faisons pas face aux mêmes difficultés dans le cas plus ou moins général de l'esthétique. La question de l'impossibilité d'écrire de la poésie après Auschwitz a déjà été soulevée par le *Mimesis* d'Erich Auerbach[21], ainsi que par la personnalité et les écrits de Walter Benjamin, sans compter Adorno et Horkheimer dans leur *Dialectique de la raison*[22]. Or, la possibilité de l'art reste donc une

---

20 Parmi ceux qui écrivent sur Heidegger et l'éthique, voir Joanna Hodge, *Heidegger and Ethics*, Londres, Routledge, 1995, et, plus récemment, Donovan Miyasaki, « A Ground for Ethics in Heidegger's *Being and Time* », *Journal of the British Society for Phenomenology*, 2007, vol. 38, n° 3, pp. 261-279.

21 Erich Auerbach, *Mimésis. La représentation de la réalité dans la littérature occidentale*, Paris, Gallimard, coll. 'Tel', 1977.

22 Max Horkheimer, Theodor Adorno, *La dialectique de la raison. Fragments philosophiques* (1944), trad. fr. d'Éliane Kaufholz (1974), Paris, Gallimard, coll. 'Tel', 1983, et aussi Theodor Adorno, *Prismes. Critique de la culture et société* (1949), trad. fr. de Geneviève et Rainer Rochlitz, Paris, Payot, coll. 'Critique de la politique', 1986, p. 23. Il est clair

question ouverte que ce soit dans la poétique d'un Auerbach ou d'un Benjamin, ou dans l'esthétique politisée de l'école de Francfort (encore que cette dernière reste toute théorique, trop théorique).

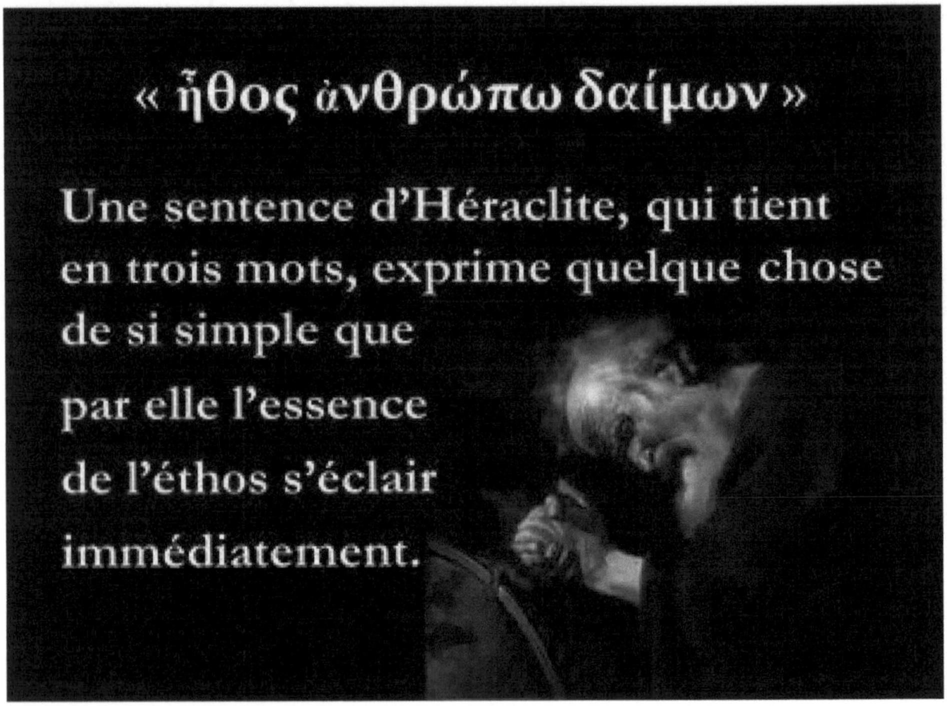

Figure 1 – Heidegger, lettre à Jean Beaufret, dite 'lettre sur l'« humanisme »'

La question d'écrire une éthique, en principe, ne se présente pas, elle, de cette même manière, quelle que soit l'importance des théories éthiques. Pour le dire autrement, les philosophes « savent » qu'après Auschwitz, après Buchenwald et Dachau, après Hiroshima et Nagasaki, voire après Dresde, comme, bien entendu, après les villes toujours en guerre aujourd'hui, une éthique doit être en soi formelle pour non seulement être une

---

que, pendant toute sa carrière, Adorno invoquera à ce sujet l'importance de la pensée de Walter Benjamin.

véritable éthique, présentée en termes moraux, mais encore doit avoir une force morale[23].

À son habitude, Adorno y réfléchit sans sourciller : étant donné « leur état de non-liberté, Hitler a imposé aux hommes un nouvel impératif catégorique : penser et agir en sorte qu'Auschwitz ne se répète pas, que rien de semblable n'arrive »[24]. Plus récemment, et partant d'une perspective différente, le théoricien politique américain, Tracy Strong, a établi un parallèle encore plus spécifique, rapprochant la pensée de Nietzsche et le nazisme dans une réflexion qu'il développe dans un contexte analogue à celui de Heidegger (et bien sûr à celui d'Arendt). Il note que l'on pourrait soutenir soit qu'il n'existe aucune relation d'importance philosophique entre la pensée d'un homme et ses activités politiques, ou soit — et c'est là que les choses se gâtent — qu'il importe au chercheur de considérer ce qui découlerait d'une telle relation, si elle existait, tout en insistant sur le fait que la réponse ne sera pas nécessairement évidente. La première voie sépare la pensée de l'homme des circonstances politiques en réduisant celles-ci à de simples contingences historiques ou en les mettant entre parenthèses : cette stratégie nous laisse libres de continuer à lire qui et quoi que ce soit. Pour ce qui le concerne, Tracy Strong n'emprunte pas ce chemin et a travaillé ces questions chez Nietzsche et beaucoup d'autres penseurs

---

23 Voir sur ce thème, mes réflexions sur l'élève de Heidegger, Günther Anders, « Angels, the Space of Time, and Apocalyptic Blindness: On Günther Anders' Endzeit – Endtime », In: *Etica & Politica. Potere e violenza in Günther Anders / Ethics & Politics. Power & Violence in the Thinking of Günther Anders*, 2013, vol. 15, n° 1, XV, 1, pp. 144-174.

24 Theodor Adorno, *Dialectique négative* (1966), trad. fr. de Gérard Coffin, Joëlle Masson, Olivier Masson et Alain Renaut et Dagmar Trousson, Paris, Payot, coll. 'Critique de la politique', 1992, p. 442.

contestables d'un point de vue politique et éthique (Carl Schmitt, Lénine et Heidegger entre autres).[25] Écoutons-le :

> Si [le totalitarisme] était une aberration (historiquement due à la combinaison singulière d'un sens de trahison suite à la Première Guerre, d'une paix vengeresse, des particularités de l'antisémitisme allemand et des développements de techniques de propagande), il ne ferait alors pas nécessairement partie de l'histoire à venir, et nous n'aurions rien d'autre à faire que de nous assurer que « cela » ne se reproduise pas. Quelle que soit la relation que Nietzsche [ou bien, j'ajoute ici, que Heidegger] entretient avec le totalitarisme, elle serait destinée pour ainsi dire à la poubelle de l'histoire. Cette position a été très importante pour la philosophie politique, puisque la très majeure partie de ce qui y a été écrit depuis la Deuxième Guerre l'a été avec l'intention plus ou moins explicite d'assurer que « cela » ne se reproduise pas – c'est-à-dire, pour barrer la voie à la possibilité de tout qui pourrait ressembler au nazisme.[26]

De même que pour sa politique sous cet angle, l'éthique de Heidegger devrait être jugée par sa capacité à barrer efficacement cette dangereuse voie. Pour Adorno « l'exigence majeure de toute éducation est qu'Auschwitz *ne se répète pas* [*Die Forderung, daß Auschwitz nicht noch einmal sei, ist die allererste an Erziehung*] »[27]. Je reprends ce que ce dernier énonce dans sa *Dialectique négative* :

---

25 Voir encore et pour ces variations, les chapitres consacrés à ces penseurs dans le livre de Tracy Burr Strong, *Politics Without Vision*, *op. cit.*

26 Tracy Burr Strong, « Introduction », dans Strong (éd.), *Nietzsche*, coll. 'International Library of Essays in the History of Social and Political Thought', Farnham/ Burlington, Ashgate, 2009, p. xxvi. Tracy Strong reprend cette thèse d'une manière plus générale dans son *Politics Without Vision*. Le paragraphe préliminaire de 2009 peut être lu comme anticipant le projet de son livre de 2012 : « au lieu d'écrire pour nous assurer que 'cela' ne se reproduise jamais, nous devrions ouvrir certaines portes qui ont été fermées pour pouvoir explorer des sentiers par-delà de ces portes, sentiers qui n'ont pas été, ou qui ont été mal poursuivis. »

27 Theodor Adorno, « Erziehung nach Auschwitz » (1966), dans Gerd Kadelbach (éd.), *Erziehung zur Mündigkeit, Vorträge und Gespräche mit Hellmuth Becker 1959-1969*, Francfort-sur-le-Main, 1970, pp. 92-109.

> Hitler a imposé aux hommes un nouvel impératif catégorique : penser et agir en sorte qu'Auschwitz ne se répète pas, que rien de semblable arrive. (...) Ce serait un sacrilège que de le traiter (cet impératif) de façon discursive : en lui se donne à sentir corporellement dans la moralité le moment de son surgissement.[28]

Comme toujours la difficulté pour Adorno, c'est la « barbarie ». Mais pour lui, notre probléme tient au fait que la barbarie est déjà arrivée : elle a déjà été accomplie.

C'est le nihilisme exactement achevé.

Le problème est moins épineux dans le cas de Nietzsche car, malgré son association avec le nihilisme et son vocable de « volonté de puissance », le simple fait qu'il soit mort bien avant les années 1930 et la Deuxième Guerre le place plus ou moins hors de soupçon (peu importe l'étendue de son influence sur le nazisme). C'est nous qui, en lisant Nietzsche, introduisons ces idées (nazisme, Ayn Rand, etc.) : ce sont *nos* projections. Heidegger, d'ailleurs, nous offre une illustration de la force de celles-ci dans ses cours sur Nietzsche lorsqu'il souligne, dans les années 1930, certains problèmes de la lecture contemporaine de Nietzsche, celle-là même du nazisme, et qu'ensuite, dans son entretien avec *Der Spiegel,* il fait appel à ces cours pour témoigner de sa propre résistance au nazisme[29]. Nonobstant, le fait est qu'il a bien été nazi et a refusé sa vie entière de s'en excuser, même après que ses étudiants et amis lui ont imploré de le faire. « *Aber wie?* » répondait-il à Elizabeth Feist Hirsch[30].

Pour comprendre le problème que pose la question d'une éthique heideggérienne en tant qu'éthique tout court, il faut

---

28 Theodor Adorno, *Dialectique négative*, *op. cit.*, p. 442.

29 Je soutiens ceci dans « Heideggers Widerstand. Nietzsche lesen als eine ‚Konfrontation' mit dem Nationalsozialismus », dans Holger Zaborowski et Albert Denker (éds.), *Heidegger und der Nationalsozialismus II. Interpretationen* (*Heidegger Jahrbuch*, n° 5), Fribourg-en-Brisgau, Alber, 2010, pp. 397-415, comme le fait aussi Silvio Vietta dans *Heideggers Kritik am Nationalsozialismus und an der Technik*, Tübingen, Niemeyer, 1989.

30 Elisabeth F. Hirsch, 5 février 1988, lettre à l'éditeur, *New York Times*, édition du 2 mars 1988.

commencer par la question de la division des matières philosophiques, comme nous le rappelle Kant. Comme nous le savons, la question de Heidegger est la question de l'être, c'est-à-dire, la question de la différence ontologique plutôt que celle, plus traditionnelle, des étants. Telles que présentées dans *Être et temps*[31] ainsi qu'au début de son *Introduction à la métaphysique*[32], ses interrogations sont surtout, on peut le dire, épistémiques : « Qu'est-ce que c'est l'être en soi ? » « Savons-nous ce que nous voulons dire quand nous employons le mot *être* ? », etc.

Ceci dit, dans la hiérarchie des autres questions que nous offre Kant — *Que dois-je faire ? Que puis-je espérer ?* — sa première question : *Que puis-je savoir ?* (chez Montaigne on trouvait déjà : « Que sais-je ? ») n'a pas la même urgence par rapport à la façon dont nous vivons notre vie quotidienne. Si Heidegger semble être concerné par cette dernière question dans certains de ses écrits, et notamment dans l'entretien donné au *Spiegel* où il fait appel à un dieu non spécifié, sa phrase *nur ein Gott*, « seulement un dieu », a, dans notre ère monothéiste, athéiste, une singulière résonance. « Deux mille ans », avait dit Nietzsche ironiquement, « et pas un seul nouveau dieu ».[33]

Donc nous demandons : *si elle existait, comment apparaîtrait une éthique heideggérienne ?* Dans son *Après la vertu*[34], Alasdair MacIntyre remarquait que certaines vertus peuvent être dites compatibles avec le nazisme. Pour lui en effet, ces vertus sont nécessaires et indissociables de l'idée et du projet de rééducation morale, puisque celui-ci présuppose nécessairement une base morale. Pour qu'une rééducation morale soit possible, il faut qu'« il y ait quelque chose sur quoi bâtir ». Mais demander si Heidegger, en tant que nazi, aurait été capable d'une telle réhabilitation n'est pas ce qui importe ici. Nous savons comment

---

[31] Heidegger, *Être et temps*, trad. fr. de François Vezin, Paris, Gallimard, coll. 'Bibliothèque de philosophie', 1986.

[32] Heidegger, *Introduction à la métaphysique*, trad. fr. de Gilbert Kahn, Paris, Gallimard, coll. 'Tel', 1980.

[33] Friedrich Nietzsche, *L'Antichrist*, § 19.

[34] Alasdair MacIntyre, *Après la vertu. Étude de théorie morale*, Paris, Presses universitaires de France, coll. 'Léviathan', 1997.

il a été jugé — nous pouvons lire le texte de Jaspers à ce sujet : il a perdu le droit d'enseigner à l'Université pour une durée qui devait l'amener à la retraite. En plus, avec les « Cahiers noirs » et le fardeau d'un antisémitisme intégral, on sait maintenant que la pensée heideggérienne croulerait sous le poids du nazisme. Voilà exactement pourquoi on peut dire que ce qui importe ici est plutôt la *nature* de l'éthique philosophique que Heidegger pourrait offrir ou aurait offert.

Dans sa réponse à la question de Beaufret — « Comment redonner un sens au mot "humanisme" ? »[35] —, un mot qui se perdit comme une vapeur dans les champs de gaz de la Première Guerre et qui fut consumé dans l'inhumanité des chambres à gaz de la Deuxième Guerre, accompagnées, comme elles le furent, par les bombardements incendiaires et par deux bombes dont nous sommes toujours loin de comprendre les effets, le tout en moins de cinquante ans — Heidegger a entrepris de répondre à la présupposition de Beaufret sur un soi-disant manque d'éthique dans sa philosophie (tout comme dans sa personne) en plaçant sa question dans la bouche d'un autre : « Peu après la parution de *Sein und Zeit*, un jeune ami me demanda : "quand écrirez-vous une éthique ?" »[36] Il n'est pas sans importance que ce soit « un jeune » qui ait posé la question. Or, la réponse de Heidegger suggère que, à condition qu'on ait lu ses livres, à commencer par *Être et temps*, il considérait qu'une éthique était *déjà* présente dans son œuvre. Il continuait en demandant : « Qu'est-ce qu'une éthique? » et affirmait que « Si l'on peut se permettre ce rapprochement, les tragédies de Sophocle abritent plus originellement l'ἦθος dans leurs dires que les leçons d'Aristote sur l'Éthique ». Il y aurait donc, avant Aristote, une éthique encore plus originaire, une éthique tragique, comme nous l'apprenons avec Nietzsche. Selon Heidegger, « une phrase

---

[35] Martin Heidegger, Jean Beaufret, *Lettre sur l'humanisme*, Paris, Aubier, Montaigne, 1957, *cf.* ici R. Munier, édition bilingue, Paris, Aubier, 1983. Cependant, comme nous le verrons, certains demandent comment Heidegger aurait pu s'occuper d'éthique s'il n'avait pas pu donner une réponse directe au jeune homme.

[36] Martin Heidegger, « Lettre sur l'humanisme », dans *Questions III*, Paris, Gallimard, coll. 'Classiques de la philosophie', 1966, p. 114.

d'Héraclite, qui tient en trois mots, exprime quelque chose de si simple que par elle l'essence de l'éthos s'éclaire immédiatement »[37].

Heidegger se réfère ensuite à ses écrits sur « bâtir, habiter, penser », thème qui le préoccupera progressivement suite à la crise du logement dans l'Allemagne d'après-guerre — les Américains disaient, non sans une certaine fierté, que les villes avaient été « aplaties » —, en citant ces mots d'Héraclite : « ἦθος ἀνθρώπω δαίμων ». Il retraduit le premier mot en notant que, pour les Grecs, le mot *ethos* signifie « séjour, lieu d'habitation »[38] et que, par conséquent, on ferait mieux de rendre ces trois mots par « l'homme habite, pour autant qu'il est homme, dans la proximité du dieu ».[39]

Dans son écrit sur le fragment d'Anaximandre (que je conseille — et je répète ici le conseil de Heidegger — de lire en même temps les réflexions de Nietzsche sur Anaximandre), Heidegger parle du « souci qui correspond à δίκη, ordre ». Il traduit τὸ κρεών par « *der Brauch* » : « délivrer quelque chose à son déploiement propre et le maintenir, en tant qu'ainsi présent, en ce maintien sauvegardant »,[40] mots dont il soutient qu'ils ont un usage éthique, usage qui, pour lui, a un sens le plus littéralement conservateur qui soit, c'est-à-dire, encore une fois : « sauvegardant ».

En suivant cette réflexion après-guerre sur l'humanisme, on ne pouvait que penser aussi à l'inhumain. Le défi que posa la guerre était non celui de parler du «trans-humain » (qui demeure pour l'instant un imaginaire de nos fantaisies technologiques, mais aussi une question véritable quand nous considérons l'enthousiasme avec lequel nous nous jetons sur nos téléphones

---

37 *Ibid.*, p. 115.

38 *Ibid.*

39 *Ibid.*, p. 116.

40 Martin Heidegger, « La parole d'Anaximandre », dans *Chemins qui ne mènent nulle part*, Paris, Gallimard, coll. 'Classiques de la philosophie', 1962, p. 443. Heidegger insiste sur la traduction régulière de τὸ χρεών par "nécessité" afin de souligner qu'« on entend par là une contrainte, l'inévitable "il faut" » – *ibid.*, p. 441.

mobiles et autres appareils comme dans nos médias sociaux tels que Twitter et Facebook — ce sont certes des vapeurs, mais nous vivons dans ces vapeurs[41]), mais de parler de ce qui était immédiat et urgent face à la faillite évidente de l'humanisme, au défi posé à toute théodicée positive qui aurait pu être proposée (pensons à la résurgence de thèmes théologiques en philosophie), aussi bien que de faire face aux spectres (comme le dit Heidegger) du nihilisme et de l'irrationalisme (voir l'école de Francfort).

Le problème, pour Heidegger, est que notre humanisme, comme il le confiait à son ami le physicien Werner Heisenberg, n'a affaire qu'avec nous. Heisenberg disait : « il semble que partout l'homme ne rencontre plus que lui-même. »[42] À ceci Heidegger répond que le danger réside plutôt dans l'absence *croissante* du Quadriparti de l'humain en soi : l'absence de la terre, du ciel, des dieux, des mortels. Nous sommes donc loin de comprendre ce que Heidegger dit du « danger » et de l'insurrection de l'humain dans « La question de la technique ». Pour nous, l'éthique reste totalement absorbée par la question de la « dignité » et de la « valeur » humaine.

Cette absorption est inévitablement anthropo-centrique, égoïste, et ne peut être autre. Comme avec le nationalisme et le subjectivisme, c'est exactement l'humanisme qui est le problème. Donc nous bloquons nous-mêmes notre propre chemin philosophique et nous nous rendons aveugles à la question de ce que nous devrions, et surtout de ce que nous ne devrions pas

---

41 Dans son *L'obsolescence de l'homme*, Günther Anders avait déjà effectué un diagnostic sur un grande partie de cette question en s'attachant à l'actualité humaine en tant que périmée par (et avec) la technologie, tandis que son collègue de l'école de Francfort, Herbert Marcuse, parlait de manière plus générale de « désublimation répressive » dans *L'homme unidimensionnel* – trad. fr. de Monique Wittig, Paris, Minuit, 1968. Voir Günther Anders, *L'obsolescence de l'homme. Sur l'âme à l'époque de la deuxième révolution industrielle* (1956), trad. fr. de David Christophe, Paris, Éditions de l'Encyclopédie des Nuisances, 2002 ; et aussi Günther Anders, *L'obsolescence de l'homme. Sur la destruction de la vie à l'époque de la troisième révolution industrielle*, trad. fr. de David Christophe, Paris, Fario, 2012.

42 Martin Heidegger, « La question de la technique » (1953), dans *Essais et conférences*, trad. fr. d'André Préau, Paris, Gallimard, coll. 'Les Essais', 1958, pp. 9-48.

faire. Naturellement, je suis ici Nietzsche à propos de la question initiale de Heidegger sur l'être comme pour tout ce qui concernerait toute manière possible de vivre éthiquement sur cette terre.

Si j'emplois ici un vocabulaire kantien, c'est pour souligner le fait que la question très compliquée de l'humain peut être comprise, suivant ce vocabulaire, non comme anthropologie mais en termes de questions de valeurs humaines. Le mot de Kant est *dignité* (*Würde*) et désigne pour lui une valeur qui est au-delà de tout prix. Se référant une nouvelle fois à Nietzsche, Heidegger souligne qu'une telle distinction de valeur est encore une forme de valorisation[43]. L'idée de Heidegger dérive d'une méditation sur la valeur, méditation qui prolonge l'invocation moqueuse sur « l'or du petit commerçant »[44] faite par Nietzsche qui la plaçait au cœur de l'idéalisation de « l'or supérieur de l'esprit ».

Pour Nietzsche, un bon chrétien, même un saint, ne cherche finalement que sa récompense et désire être bien payé[45]. Dans les mots de Heidegger :

> Bien plutôt s'agit-il de reconnaître enfin que c'est justement le fait de caractériser quelque chose comme « valeur » qui dépouille de sa dignité ce qui est ainsi valorisé. Je veux dire que l'appréciation de quelque chose comme valeur ne donne cours à ce qui est valorisé que comme objet de l'évaluation de l'homme. Mais ce que quelque chose est dans son être ne s'épuise pas dans son objectivité, encore moins si

---

43 Il existe naturellement plusieurs études sur Heidegger et la valeur. Pour une bonne vue d'ensemble, voir Jacques Taminiaux, *Art et événement. Spéculation et jugement des Grecs à Heidegger*, Paris, Belin, coll. 'L'Extrême contemporain', 2005 ; pour une discussion de Taminiaux voir notre étude « On Connivance, Nihilism, and Value », *New Nietzsche Studies*, 1999, vol. 3, n° 1-2, p. 23-52. Robert Sinnerbrink discute l'analyse de Taminiaux dans un cadre esthétique dans son « Heidegger and Nietzsche on the 'End of Art' », dans Babette Babich, Alfred Denker et Holger Zaborowski (Éds.), *Heidegger and Nietzsche*, Amsterdam, Rodopi, 2012, p. 417-428.

44 L'expression de Nietzsche dans *Also Sprach Zarathustra* est « Krämer-Gold ». Voir Section III, *D'anciennes et de nouvelles tables*, §21.

45 On retrouve cette idée dans *Le gai savoir*, *La généalogie de la morale*, *Par-delà le bien et le mal*, etc.

l'objectivité a le caractère de la valeur. Toute évaluation, même là où elle évalue positivement, est une subjectivation. Elle ne laisse pas l'étant : être, mais le fait uniquement, comme objet de son faire-valoir. L'étrange application à prouver l'objectivité dès valeurs ne sait pas ce qu'elle fait. (LH, 109)[46]

Nous ne devons donc pas chercher *une* éthique basée sur des règles de portée universelle, mais *des* éthiques. Par, exemple, étant donné ce que Heidegger dit de la valeur, que pourrait donc être une éthique *professionnelle* ? J'ai déjà fait mention ailleurs des conférences que Heidegger donnait en 1949 devant des hommes d'affaires de Brême [47] : ses idées sur la technologie et le danger pourraient offrir une base pour une *éthique des affaires* au-delà de leur importance (mieux connue) pour une éthique de la technologie.[48] J'ai également parlé à d'autres occasions de l'importance des réflexions de Heidegger pour une éthique des medias[49]. Si mon premier exemple dans ce qui suit est tiré de l'éthique infirmière, je voudrais aussi l'étendre à la pédagogie autant qu'à — ce qui est plus rare — une éthique de l'enseignement et même de la thérapie.

---

46 Heidegger continue : « Proclamer 'Dieu' 'la plus haute Valeur', c'est dégrader l'essence de Dieu. La pensée sur le mode des valeurs est, ici comme ailleurs, le plus grand blasphème qui se puisse penser contre l'Être. »

47 Voir ici notre texte « Constellating Technology: Heidegger's *Die Gefahr* / The Danger », dans Babette Babich et Dimitri Ginev (éds), *The Multidimensionality of Hermeneutic Phenomenology*, Francfort-sur-le-Main, Springer, 2014, pp. 153-182 et plus récemment : « Heidegger on Technology and *Gelassenheit*: *wabi-sabi* and the Art of *Verfallenheit* », dans *AI & SOCIETY. Journal of Knowledge, Culture and Communication* (25 August 2015): 1-10.

48 Heidegger, comme on le verra, façonnait toujours ses paroles en tenant compte de ses auditeurs.

49 Babette Babich, « O, Superman! or Being Towards Transhumanism: Martin Heidegger, Günther Anders, and Media Aesthetics », *Divinatio*, 2013, n° 36, pp. 83-99.

Figure 2 – Le Grand Prêtre des Samaritains avec le Codex Nablus. Palestine, 1920. Wikicommons.

Éthique et assistance

"With a little help from my friends"

~ John Lennon et Paul McCartney

J'AI SOUTENU qu'un aspect des réflexions de Heidegger sur l'humanisme, outre sa recommandation de faire un pas en avant (ou plutôt en arrière) d'Aristote par son invocation des poètes tragiques comme Sophocle et des philosophes tragiques comme Héraclite et Anaximandre, consistait à suggérer qu'une éthique se trouvait déjà dans *Être et temps*, ce texte dont il affirme qu'il n'a toujours pas été compris.

Il n'y a aucune peine à trouver des chercheurs qui ignore cette dernière affirmation[50]. « Comment » — dirait-on — « peut-on dire une telle chose, étant donné toutes les introductions à ce livre ! Sûrement ce livre est-il bien compris de long en large, non ? » Cependant, pour ne citer que deux universités près de New York — Fordham où j'enseigne, université jésuite, et Stony Brook qui fait partie du système des universités publiques de New York —, *Être et temps* n'est que très rarement au cœur d'un séminaire de troisième cycle. Un jeune enseignant à l'université m'informait récemment que la meilleure méthode pour enseigner ce texte était de se passer des quatre premiers chapitres. « Qui en aurait besoin ? » pourrait-on dire — mais, il va de soi, Heidegger n'aurait pas été d'accord. Comme Nietzsche, Heidegger nous rappelle Aristote qui, lui-même, répétait ce qui était évident pour les Grecs : le début, c'est le tout.

---

[50] Cette affirmation ouvre aussi la voie à une considération en profondeur de la signification chez Heidegger du terme *lire*. Sur ce point, je renvoie aux réflexions de Pierre Bayard sur la lecture, remontrances d'un philologue moderne faites à la philosophie. Et c'est en partie pour cela que ce dernier pourra écrire un livre paradoxal : *Comment parler des livres que l'on n'a pas lus ?*, Paris, Minuit, coll. 'Paradoxe', 2007.

Quoique certains parlent d'une éthique du *care*, sûrtout dans le contexte de l'éthique médicale, il est bien clair que de telles réflexions n'ont que peu à faire avec la *Sorge* ou la *Fürsorge* heideggérienne.[51] Étant donné qu'il est rare de trouver une discussion d'une éthique heideggérienne basée sur l'assistance (tel est l'exigeant et explicite sujet de mon texte), il est clair que l'« éthique du *care* », comme on l'appelle, a une relation seulement métonymique, et rien de plus, avec la pensée heideggérienne (quoique dans le monde anglo-saxon on ait y fait allusion à Carol Gilligan, Nell Noddings, et d'autres)[52].

Mais ayant maintenant quinze ans, le texte de John Paley sur les possibilités d'une éthique heideggérienne du souci est l'un des efforts les plus connus sur ce sujet, dont les résultats figurent, on le sait, dans le premier numéro de *Nursing Philosophy*[53]. La formation philosophique de John Paley est typiquement analytique (c'est-à-dire, très exactement, non continentale) et une telle formation est toujours un désavantage pour une lecture de Heidegger. L'auteur ne cite pratiquement que des commentateurs d'obédience analytique sur Heidegger tels que Stephen Mulhall, Fred Olafson et Charles Guignon entre autres, et soutient qu' « il n'y a pas de théorie éthique dans *Être et temps* » parce que (suivant une logique circulaire) « Heidegger

---

51 À propos de la sollicitude, voir William J. Richardson, « Heidegger's Fall », *American Catholic Philosophical Quarterly*, 1985, vol. 69, n° 2, pp. 229-53. Voir également Arnd May, dans son *Autonomie und Fremdbestimmung bei medizinischen Entscheidungen für Nichteinwilligungsfähige*, Munich, LIT, 2005, p. 61. Voir comme introduction, Fabienne Brugère, *L'éthique du* care, Paris, PUF, coll. 'Que sais-je ?', 2011.

52 Voir sur ce point encore, Fabienne Brugère, *L'éthique du* care, *op. cit.*

53 Voir John Paley, « Heidegger and the Ethics of Care », *Nursing Philosophy*, 2000, vol. 1, n° 1, pp. 64-75. Voir aussi John Paley, « Commentary: Care Tactics – Arguments, Absences and Assumptions in Relational Ethics », *Nursing Ethics*, 2011, vol. 18, n° 2, pp. 242-254. Et en plus, Bastian Zimmermann, « Über die Möglichkeit einer Ethik der Pflege im Anschluss an Martin Heidegger », *Internationaler Zeitschrift für Philosophie und Psychosomatik*, 2012, n° 1, en ligne. Voir aussi, avec Simone de Beauvoir en plus de Heidegger, mais toutes deux dans le souci/assistance médicale, Hilge Landweer et Catherine Newmark, « Simone de Beauvoir von der Biologie zur Freiheit », dans Ernst Waltraud Ernst (éd.), *Ethik – Geschlecht – Medizin: Körpergeschichten in politischer Reflexion. Internationale Frauen- und Genderforschung in Niedersachsen*, Münster, LIT, 2010, pp. 145-164.

ne s'intéressait pas particulièrement à l'éthique »[54]. Tout effort pour déduire une éthique, en particulier une éthique du souci[55], échoue nécessairement, en grande partie parce que Heidegger n'arrive à élaborer, comme le conclut Paley, « aucune forme d'éthique que les infirmières pourraient trouver sympathique »[56]. Une telle conclusion serait aussi valable pour toute éthique appliquée (médecine, environnement, affaires, etc.) et excluerait d'emblée toute attention portée à ce que dit Heidegger en faveur de conclusions idiosyncratiques restreintes à chaque discipline. Mais la conséquence de cette approche est aussi de rendre nul tout ce que Heidegger pourrait apporter à la science infirmière, même en dépit du manque d'un simple accord entre les deux. On sacrifie une ressource importante (le texte de Heidegger) en jetant, comme on dit, le bébé avec l'eau du bain.

En contraste avec Paley, en m'appuyant sur *Être et temps*, je développe ici la suggestion de Heidegger dans sa lettre à Beaufret selon laquelle il aurait *déjà* offert une éthique. Sa discussion du *Dasein* comme souci est au centre de ce que l'on pourrait nommer la condition humaine heideggérienne. Cette description s'accorde avec la discussion de la déchéance, de la publicité, de l'angoisse (« réelle » ou non) et de l'ambiguïté, et encore plus avec celle du bavardage et de l'être-dans-le-monde comme avec sa discussion de la mondanéité et du monde comme notre avec-quoi. Ceci est lié à la discussion de la localisation brute de nos environs (comprenant jour, nuit, les saisons de l'année et de la vie) comme avec le contexte de l'avec-quoi de l'équipementalité – en tant que disponible et en main —, de même que ceci est

---

54 Paley, « Heidegger and the Ethics of Care », art. cit., p. 66.

55 Voir Carol Gilligan, *In a Different Voice*, Cambridge, Harvard University Press, 1982, et encore Owen Flanagan et Kathryn Jackson, « Justice, Care and Gender: The Kohlberg-Gilligan Debate Revisted », *Ethics*, 1987, pp. 632-637 et aussi Nell Noddings, *Caring. A Feminine Approach to Ethics and Moral Education*, Berkeley, University of California Press, 1984. Voir enfin Susan J. Hekman, *Moral Voices, Moral Selves*, Londres, Polity Press, 1995.

56 John Paley, « Heidegger and the Ethics of Care », p. 66. Le problème ici est que la sympathie (ou « congénialité ») – ce que l'éthique des affaires appelle « toute l'éthique qu'on peut se payer » –, ainsi que toute éthique qui n'est pas autorisée par la loi, sera une éthique particulièrement faible.

juxtaposé au subsistant, présent-devant-la-main. Nous avons ici la base de son articulation, après la guerre, de la question concernant la technologie, question qu'il adressa — il faut le noter — *non aux professeurs de philosophie mais aux hommes d'affaires,* donc nécessairement et incontestablement dans une discussion éthique, car pratique et appliquée.[57]

Étant donnée la signification ontologique du *Dasein* (de l'être-là) dans *Être et temps,* Heidegger soutient que son projet de poursuivre « la question du sens de l'être » nécessite que l'on puisse répondre à la question maîtresse de « l'être de l'entièreté du tout structuré »[58] du *Dasein.* Dans le contexte de « l'existentialité », de « la facticité », et de « l'être-en-déval » (§ 41/191), rien n'était donc plus nécessaire qu'une discussion du phénomène de l'angoisse.

Heidegger reprend ici son point de départ, nous rappelant la primauté ontologique particulière du *Dasein* : « Le *Dasein* est l'étant pour qui il y va dans son être de cet être même. » (§ 41/192) En rappelant sa discussion de « l'être qu'est l'entendre comme être se projetant vers le pouvoir-être le plus propre » (*id.*), Heidegger réarticule l'idée de saint Augustin qui est à la base de toute analyse phénoménologique : « ontologiquement : le *Dasein* est pour lui-même dans son être chaque fois déjà *en avance* de lui-même. » (*id.*) Dans cet « en avance de lui-même », comme Heidegger le note immédiatement, « le *Dasein* est toujours déjà "au-delà de soi" », ce qui implique une « directionalité ». Et Heidegger distingue immédiatement un dépassement comme comportement.

Pour Heidegger, il est impossible de penser le *Dasein* de manière solipsiste — ou « autiste », comme nous pourrions dire —, comme si l'on pouvait avoir être ou rencontrer un être solitaire seulement préoccupé par et de lui-même. « Même l'être-seul du *Dasein* est être-avec dans le monde. *Manquer,* l'autre ne

---

57 Pour une discussion plus étendue, voir encore Babich, « Constellating Technology: Heidegger's *Die Gefahr* / The Danger ».

58 Heidegger, *Être et temps*, § 40, p. 184 ; voir aussi, § 41.

se peut qu'en un être-avec et qu'*en fonction* de celui-ci. » (§ 26/120) En ce sens, dès le début et à travers tout le livre, on est « avec » les autres, au sens de l'« être-avec » que Heidegger qualifie de « sens ontologique et existential », sens qu'il avait déjà clarifié en soutenant — et ceci est essentiel — qu'au contraire, « les autres, ce sont plutôt ceux dont le plupart du temps on *ne* se distingue *pas*, parmi lesquels on est aussi » (§ 26/118). Ainsi — et c'est pourquoi j'ai commencé en me référant au politique — l'éthique de Heidegger est toujours aussi un politique. Ceci est de nouveau évident dans son *Introduction à la métaphysique*. Pour Heidegger, « Le monde du *Dasein* est un *monde commun* [*Mitwelt*]. L'être-su est *être-avec* [*Mitsein*] en commun avec d'autres. L'être-en-soi de ceci à l'intérieur du monde est *coexistence* [*Mitdasein*] » (*id.*).

Cette analyse nous indique que nous nous trouvons toujours parmi les autres que nous rencontrons dans le monde. Heidegger a déjà indiqué lors de son analyse des outils que cette condition reflète la distinction qu'avait faite Kant entre les étants qui sont pour nous des choses (ou des moyens) et ceux qui sont, comme les êtres sur lesquels Kant a toujours insisté, des fins en eux-mêmes. En tant qu'étants qui sont « eux-mêmes *Dasein* », Heidegger soutient qu'« en tant qu'être-avec », ils n'ont « pas le genre d'être de l'outil en usage », ils se tiennent au contraire dans le *souci mutuel* » (§ 26/121). Précisément parce qu'ils « sont *là avec* ».

Assistance (ou *mutualité*) traduit le mot *Fürsorge* employé par Heidegger. L'idée d'une éthique de l'assistance me vient d'abord de la manière dont Heidegger nous dévoile le monde du *souci* (*Sorge*) — le monde de nos préoccupations avec toute la gamme d'investissements et de projets qu'il comporte, tout ce qui relève de quotidienneté ontique.

La *Fürsorge* (assistance/mutualité), cependant, est toujours dirigée envers les autres, car ces autres — *Mitdasein* comme ils le sont — sont ensemble avec nous dans notre monde commun, même si leur authenticité est en général défectueuse ou insuffisante.

Comme le dit Heidegger :

> Quant à ses modes positifs, le souci mutuel admet deux possibilités extrêmes. Il peut en quelque sorte décharger l'autre du « souci » et s'agissant de ce qui le préoccupe, prendre sa place en se *précipitant* à son aide. (§ 26/122)

Cette citation doit attirer notre attention, car elle clarifie le fait que « l'Autre » est, comme nous le sommes tous, *Dasein* dans tous les sens, y compris ceux d'authenticité et d'inauthenticité, celui-ci s'exprimant dans notre engagement empathique avec l'Autre (où la mutualité prend l'autre en main). Pour Heidegger, l'idéal est non de « décharger du 'souci' », mais bien tout d'abord de « restituer » autrui « véritablement dans ce qu'il a de propre » (*id.*).

S'il y aurait beaucoup à dire sur le sujet (et beaucoup a déjà été dit), le plus important est d'abord de noter que, pour Heidegger, non seulement l'authenticité — ce Saint-Graal des heideggériens — n'est jamais quelque chose de naturel mais, bien plus, nous tendons, la plupart du notre temps et dans nos actes les plus intimes, à être inauthentiques. Comme Heidegger prend soin de nous le rappeler, l'authenticité elle-même est un mode d'inauthenticité.

L'élaboration générale de l'assistance ou de la mutualité débute en remarquant qu'elle comprend des « préoccupations » basiques telles « l'alimentation et l'habilement, le soin du corps malade, » qui sont « *souci mutuel* » (§ 26/121). Et Heidegger souligne que l'on se débarrasse de la plupart de ces soucis par une façon propre à soi-même et presque toujours négativement — Nietzsche disait « de façon réactive » — car ignorer quelque chose est aussi réactif. La prédominance de ces formes négatives de mutualité met en évidence la nécessité sociale d'alléger ces besoins humains qui ne retiennent généralement pas notre attention. Pour Heidegger donc, la mutualité sociale (qu'on nomme *Fürsorge* en allemand) doit précisément être établie comme institution. (*Fürsorge* a ici un sens parallèle au sens quotidien avec lequel nous parlons d'assistance ou de mutualité.) Ceci est le cas car, en parallèle avec l'importance que prête Heidegger à la mode prédominante de l'inauthenticité, « le *Dasein* se tient d'abord et le plus souvent dans les modes déficients du souci mutuel » (*id.*) Et tout comme Heidegger ne veut pas dire que l'inauthenticité est répréhensible mais est plutôt la forme normale d'être, donc, pour ainsi dire, de soi-même, il nous donne cette explication assez compréhensive de l'assistance :

> Avoir égard à l'autre, être contre lui, être sans lui, passer l'un à côté de l'autre, ne rien demander à personne, autant de variétés possibles du souci mutuel. (*id.*)

Pour Heidegger, et ceci découle de sa discussion de l'authenticité, de tels « modes de déficience et d'indifférence dernière nommés caractérisent l'être-en-compagnie quotidien et moyen » (*id.*).

Cette modalité défectueuse ne nous permet pas de conclure que nous avons affaire ici à la simple subsistance d'une pluralité de sujets ou bien de présumer que les autres sont tels qu'« appartenant à la coexistence quotidienne d'autres au sein du monde, exactement comme le fait l'utilisabilité de l'outil dont on se préoccupe journellement » (*id.*). Déjà, en avance et sans préalable, nous sommes toujours sans excuse — un point dont Simone de Beauvoir et Jean-Paul Sartre se sont emparés. Nous connaissons les autres que nous rencontrons déjà comme *Mitdasein*, coexistence, comme faisant partie de notre *monde commun*, et nous sommes donc, comme l'était Caïn, déjà responsable.

Cependant nous pouvons nous décharger de cette responsabilité de deux façons : nous pouvons soit l'assumer pour et sur nous-mêmes, ou bien nous pouvons libérer l'autre pour l'accomplissement de ses propres projets, de ses possibilités authentiques d'être. Ce premier mode, nous dit Heidegger, est généralement caractéristique de notre relation avec les autres et nous permet de nous comporter envers les autres comme nous nous comportons envers les choses (*cf.* § 261/21), c'est-à-dire de les traiter comme simples moyens et non comme fin en soi, comme nous traitons par exemple nos supposés « amis » sur

Facebook (ou ceux qu'on appelle maintenant sur d'autres plateformes des — Twitter, Instagram — « followers »).

Pour illustrer ce point, il suffit de penser à la différence affective entre être « désamifié » sur Facebook et être « désabonné » sur Twitter. Il est significatif qu'existe un site Web pour ceux qui ont décidé de ne plus me « suivre » (« qui se sont désabonnés de mon compte ») mais qu'il n'y en ait aucun pour ceux qui ont cessé de se compter parmi mes « amis » — car en effet ces supposés amis ne le sont pas vraiment. Facebook permet même de faire semblant d'être ami tout en bloquant la réception de messages provenant de certains « amis » sans dévoiler ce fait. Twitter, en revanche, favorisent l'intimité, car ceux qui vous suivent doivent consentir à ce que leurs « tweets » apparaissent dans leurs courriels de leurs portables, etc. On dit qu'un million de personnes seraient « abonnées » à Lady Gaga. Accumuler de plus en plus d'abonnés est l'idée maîtresse de Twitter mais, par définition, avoir été desabonné n'a pas besoin d'être réciproque. Je peux vous suivre ; vous ne devez pas me suivre en revanche, et *vice versa, et cetera*.

Dans son *Éthique à Nicomaque*, Aristote avait déjà analysé les relations humaines en de tels termes : pour la plupart des gens, les amis sont utiles (pour nous) ; il est rare (et cela n'advient que dans l'innocence de la jeunesse) que l'amitié soit d'abord un plaisir. Il est encore plus rare que quelqu'un puisse dire, suivant Nietzsche (suivant Montaigne), dans la logique des distinctions que fait Aristote :

« Ô mes amis, il n'y a nul ami. »[59]

---

59 Sur ce sujet, je dis ma reconnaissance à Paul van Tongeren dans « 'On the Friend' in Nietzsche's Zarathustra », *New Nietzsche Studies*, 2003, vol. 5, n° 3/4 et 2004, vol. 6, n° 1/2, tout comme à Alexander Nehamas, « Because it was he, Because it was I: Friendship and its Place in Life » (Gifford lectures 2008 à Édimbourg), et à l'inspiration plus classique de Jacques Derrida, *Politiques de l'amitié*, Paris, Galilée, coll. 'La philosophie en effet', 1994. Kant a bien sûr utilisé l'exemple de l'amitié – et comme idéal non réalisable – pour illustrer les limitations pratiques de l'éthique. Cas spécifique: l'exemple de la sincérité pure dans l'amitié. Elle peut être requise de chacun comme un devoir ; cette réquête dérive de l'idée de la raison agissant sur la

L'important pour l'éthique n'est pas exactement de déplorer l'absence de vrais ou bons amis. Il faut être soi-même ce que l'on doit être, dit la tradition classique de même qu'Aristote. C'est pourquoi nous savons qu'afin d'avoir un bon ami pour ce dernier, il faut être soi-même un bon ami et que, pour cela, il faut que nous soyons bons, c'est-à-dire excellents, sans excès, sans défauts, tout simplement parfaits. L'amitié en soi est si exigeante que les philosophes, en commençant par Aristote lui-même, ont fait d'elle un idéal, un idéal irréalisable donc, le but idéal d'un point de départ idéal.

Fig. 3 — Faune Barberini, Glyptothèque, Munich, la photographie par l'auteure

En ce sens, l'éthique traditionnelle, non tragique, comprend toujours une échappatoire, ayant mis son critère d'excellence si haut que tout souci du bien — de ce que l'on doit faire, de la norme éthique à suivre — sera immédiatement admis ou

volonté de façon dépourvue de toute expérience. Le fait donc – si c'est en effet un fait – qu'il n'y ait jamais eu un ami sincère n'affaiblit pas le moins du monde ce devoir. *Cf.* « daß z. B reine Redlichkeit in der Freundschaft um nichts weniger von jedem Menschen gefordert werden könne, wenn es gleich bis jetzt gar keinen redlichen Freund gegeben haben möchte, weil diese Pflicht als Pflicht überhaupt vor aller Erfahrung in der Idee einer den Willen durch Gründe a priori bestimmenden Vernunft liegt » – Immanuel Kant, *Die Grundlegung zur Metaphysik der Sitten*, édition de Karl Vorländer, Leipzig, Dürr, 1906, t. 2, p. 28.

désavoué comme trop sévère en pratique. (« Soyez comme le Christ ».) Chaque discussion de l'éthique est donc accompagnée de la concession pratique voulant que, même si un tel idéal est irréalisable dans cette vie, ce défaut ne compromet en aucun cas l'idéal, car c'est cela même qui fait de l'idéal un « idéal ». Il s'agit ainsi, comme nous le dit Kant, non de ce que nous faisons, mais de ce que nous *devons* faire. *Éthique* est un nom modal.

Jusqu'ici, il serait possible de parler d'une éthique de l'authenticité, non dans le sens populaire d'être en accord avec soi-même, mais dans le sens d'être en accord avec son véritable ou son vrai moi, ou bien dans le sens de suivre son véritable bonheur propre, mais non comme un idéal d'affirmation de soi ou d'agrandissement (comme le soutiennent Ayn Rand ou Hobbes ou encore Callicles), conclusion qui est malheureusement la seule souvent retenue de Nietzsche.

Dans la pratique nous avons affaire à ce que nous devons faire, à la manière dont on doit se comporter — c'est-à-dire à des idéaux qui, en général, ne sont pas réalisés ou réalisables. Réfléchissant dans une note de 1870 sur la liberté de la volonté et le semblant des apparences, le jeune Nietzsche écrit : « Nous nous comporterons toujours comme nous sommes et non comme nous devrions être (*Wir werden uns immer so benehmen wie wir sind und nie wie wir sein sollen*). »[60]

Le problème de la mutualité pour Heidegger n'est pas celui d'une bienveillance pour les soins et soucis d'une autre personne, mais plutôt pour les expressions négatives et positives d'une telle bienveillance. La première modalité consiste en une assistance positive appropriée et donc, aussi, en une assistance négativiste en tant qu'elle éloigne le « souci » de l'Autre — cette modalité est celle qui, Heidegger le souligne, « se charge pour le compte de ce dont il y a lieu de se préoccuper... » (§ 26/122). Ne manquons pas l'élément kantien ici : celui-ci est d'importance critique pour Heidegger parce qu'il illustre le fait que, pour la plupart et souvent pour la meilleure part, notre investissement dans les

---

60 Nietzsche, KSA 7, Ende 1870, 6, 3, 130.

autres est simplement subordonné à notre souci pour ce qui est à faire.

On le voit partout : un projet doit être accompli : quelqu'un est chargé de l'accomplir ; il n'en est pas capable : quelqu'un d'autre s'en occupe — plus ou moins automatiquement, on ne pense pas, ainsi que l'entend Heidegger. Quelqu'un a besoin de quoi que ce soit : un autre l'entreprend. Les familles sans-abri de New York n'ont pas de foyer et ont faim : les services sociaux de New York développent un système pour leur procurer nourriture et logement, système qui les adjoint, malgré eux, au système social publique. On remplit des formulaires, les uns après les autres ; on est obligé de prendre rendez-vous jour après jour ; on dort chaque nuit dans un foyer différent pour ne pas avoir de domicile fixe ; la journée, et ça veut bien dire : tout le temps de la vie est occupé à remplir des formulaires dans des bureaux, éloignés le plus possible les uns des autres (tout comme le sont les foyers). Les chômeurs sont considérés comme paresseux : par conséquent, on invente autant de techniques que possibles pour les occuper, et les occuper de manière aussi appauvrissante que possible. C'est exactement pourquoi l'une des meilleures définitions de la pauvreté s'appuie sur le temps obligatoire passé dans les transports en commun[61]. Le comble est atteint quand on fait des wagons du métro son domicile — mais, même là, il faut constamment changer de trains et fuir la police. Les pauvres, les chômeurs, n'ont pas le moins du monde un excès de temps, il y a au contraire un manque à leur propre temps ; à proprement parler, il y a pour la plupart d'entre eux le manque d'une vie qui leur est propre. On peut aussi dire que les chômeurs manquent non seulement d'un travail pour gagner leur vie, mais surtout d'un temps pour une vie qui serait la leur.

Si l'on s'abstrait, pour l'instant, des défauts dans la manière avec laquelle New York traite ses sans-abris, on retient qu'une question centrale d'*Être et temps* est celle de l'authenticité. Comme éthique, l'authenticité en question — le soi en question

---

[61] Je retiens ici une observation faite par les fondateurs du *Catholic Worker*, Peter [Aristide Pierre] Maurin et Dorothy Day.

— n'est pas seulement celle du soi-même mais aussi celle de l'autre. Heidegger affirme donc, en contraste avec la possibilité de la substitution, celle

> d'un souci mutuel qui ne se précipite pas tant à la place de l'autre qu'il *n'anticipe* sur lui en devançant [*ihm vorausspringt*] son pouvoir-être existentiel, non pour le décharger du « souci », mais bien pour tout d'abord le lui restituer véritablement dans ce qu'il a de propre. (*id.*)

On s'imagine souvent (et sans doute ceux qui enseignent son livre sont-ils portés à utiliser cet exemple) que Heidegger se réfère aux soins et soucis de la mère pour un jeune enfant, soins qui demandent que la mère ne prenne pas la situation en main mais laisse à l'enfant la chance de trouver lui-même une solution, qu'il s'agisse, par exemple, d'un devoir d'école ou d'autre chose. Le lacement des chaussures est un exemple parfait. (Rousseau a écrit un livre entier sur le sujet.)

Si la pensée de Heidegger nous était aussi conviviale que celle de Jean Piaget (je parle ici avec Ivan Illich de *La convivialité*)[62], on pourrait se concentrer, comme d'autres l'ont fait, sur une lecture autobio-graphique et noter qu'au-delà des soins maternels, les fils de Heidegger auraient bénéficiés de la sollicitude de leur père alors qu'ils étaient âgés de huit (Jörg) et sept (Hermann) ans. De plus, en tant que professeur *extraordinarius* à Marbourg, ainsi qu'il l'était lorsqu'il rédigea *Être et temps,* Heidegger aurait aussi été engagé dans une relation de sollicitude avec chacun de ses étudiants (que nous en connaissions les noms ou non), et d'une manière toute différente pour chacun.

Donc, le mot de Heidegger pour Arendt, « *Denken ist ein einsames Geschäft* (Penser est une activité solitaire) » (elle parlera de l'exultation d'avoir découvert qu'« il y a un maître », qu'« il est peut-être possible d'apprendre à penser », comme en

62 Ivan Illich : *La Convivialité*, Paris, Seuil, 1973. Voir aussi Michel de Certeau : *La culture au pluriel*, Paris, Seuil, 1974.

témoigne le film de Margarethe von Trotta dans une courte scène montrant le jeune Heidegger et la jeune Arendt)[63], *ne sera pas nécessairement* son mot pour Gadamer ou pour les autres, et ce n'est peut-être pas non plus son mot pour nous, ses lecteurs. Dans ce qu'on dit, on doit — on est, par sollicitude, obligé — tenir compte de celui ou de celle à qui l'on parle.

De plus, l'engagement entre maître et étudiant ne se présente pas forcement sous la forme de mots ; ce pourrait être plutôt une question d'exemple, de ce que Nietzsche appelait *Exemplar* ; cet engagement pourrait aussi prendre la forme d'une action positive comme l'assistance dans la recherche d'un emploi[64] ; mais c'est probablement le plus souvent un manque, une déficience.

Nous sommes déjà et toujours dans un regard d'assistance envers les autres

« Le double nœud est le seul qui tient »

~ Damiel [*Les Ailes du désir*]

LE FILM de Wim Wenders, *Himmel über Berlin* [*Les Ailes du désir*], offre une autre illustration de l'assistance heideggérienne. Le film commence avec la méditation de Peter Handke sur l'enfant en tant qu'enfant — apparaissant en lettres sur l'écran, mais énoncée en chantonnant par Bruno Ganz : « *Als das Kind Kind war* (Lorsque l'enfant était enfant) ». C'est le charme d'un

63 Voir Babich, « Arendt's Radical Good and the Banality of Evil: Echoes of Scholem and Jaspers in Margarethe von Trotta's Hannah Arendt », art. cit.

64 L'on pourrait réagir sur un texte ou sur la vie pratique d'un scientifique – il n'y a qu'à songer au texte irremplaçable de Max Weber, *La science, profession et vocation*, trad. fr. d'Isabelle Kalinowski, Marseille, Agone, coll. 'Banc d'essais', 2005.

enfant (ou de la méditation d'un adulte sur ce qu'est un enfant : *vom Kindsein*).

Le film offre plusieurs moments de sollicitude heideggérienne, parmi lesquels je note celui d'un enfant qui, avec une grande concentration, lace ses chaussures, sur quoi Damiel, l'ange de Ganz, observe : « *Ein doppelter Knoten ist das einzige, was hält* ». Ce qui est re-connu ici, c'est non seulement le fait d'avoir achevé de lacer ses chaussures, mais l'achèvement de la circonspection, la compréhension des nécessités de l'environnement, du cuir des chaussures et des lacets, l'appui des pieds dans différentes postures et, le plus important pour Heidegger au sujet de l'assistance, le temps.

Comme poésie cinématique, le film joue avec et sur les dispositifs poétiques : deux anges immortels et même l'ange véritable de Berlin (la statue géante de l'ange de la Victoire dans le *Grosser Stern Platz* à Berlin) ; Cassiel et Damiel (le second étant l'ange héros joué par Ganz) ; l'idée que les yeux innocents des enfants peuvent voir les anges. Tout cela — avec des allusions à l'ange des *Élégies de Duino* de Rilke — parcourt le film.

Peter Falk (qui joue le rôle « Filmstar » sous le nom de « Peter Falk ») aura un échange visible-invisible avec Damiel : « *Je ne te vois pas, mais je sais que tu es là* », et dans ce contexte, il parlera de la corporalité de petites choses comme le fait de frotter ses mains ensemble pour les réchauffer dans le froid, de fumer une cigarette, ou de boire dans la rue la tasse de café d'un kiosk.

Quand Damiel abandonne ses ailes de l'éternité pour les désirs mortels et le temps, il cherche Falk qui est, naturellement, en train de tourner un film. Pour la toute première fois, Damiel rencontre des limites et ne peut plus passer le portillon qui le sépare du monde de Falk. Il réussit cependant à faire un signe avec sa main à Falk qui, le voyant, vient lui serrer la main à travers la clôture.

Falk lui offre de l'argent, à quoi Damiel répond qu'il en a déjà.

« L'armure? », demande Falk, « Combien tu en as eu? ».

La réponse hésitante est : « 200 marks... »

Falk rit : « Tu t'es fait rouler. Mais, ça arrive. »

Il passe une cigarette à Damiel qui la prend avec plaisir ; Falk se retourne pour partir, Damiel l'appelle et lui dit qu'il veut tout savoir, mais Falk rit encore : « Tu dois trouver tout seul. C'est ce qu'il y a de beau ! »

Figure 4 – « *Je ne te vois pas, mais je sais que tu es là* »

Bruno Ganz et Peter Falk dans
Wim Wenders, *Himmel über Berlin* [*Les Ailes du désir*], 1987.
Reproduit avec l'autorisation de l'Wim Wenders Stiftung

Pour Wenders, ces découvertes angéliques sont les découvertes de la condition humaine et des ailes que les mortels aiment. Plus exactement, le désire érotique a comme fin notre âme (Wenders connaît son Platon), mais comme pour Heidegger, nous nous comportons toujours avec des autres, que ce soit dans le mode positif ou négatif de la sollicitude. Nous pouvons ignorer l'autre, nous pouvons nous trouver trop préoccupés par nos troubles ou nos propres soucis pour prendre note d'eux, ou bien nous pouvons être attentivement circonspects dans notre égard envers l'autre, tout comme dans notre égard envers ses projets ou possibilités. Dans chaque cas, que ce soit positif ou négatif, Heidegger maintient que nous avons affaire à un monde dans lequel nous sommes avec des autres *qui sont précisément des êtres comme nous.* Ils partagent la même condition du *Dasein* comme *Mitdasein* : nous les rencontrons tantôt en périphérie, tantôt au centre, tantôt comme bloquant nos propres affaires et projets.

Pour la plupart, la mutualité est exprimée négativement. Elle est positive quand nous engageons les autres et leur permettons d'approprier leurs possibilités comme étant les leurs. Cependant, même dans ces modalités positives, il existe deux sortes d'assistance pour Heidegger.

> À mi-chemin des cas extrêmes de souci mutuel positif — celui qui se précipite mais commande [*einspringend-beherrsch-enden*] et celui qui devance et libère [*vorspringend-befreienden*] — il y a l'être-en-compagnie quotidienne. (*ibid.*)

En d'autres mots, en tant qu'elle est positive, l'assistance peut soit libérer l'autre pour et dans lui-même, tout comme Pindare l'avait exprimé : « deviens qui tu es », soit prendre la forme dans laquelle nous approprions tout simplement le projet ou le devoir d'un autre pour nous-mêmes. Ici l'exemple des lacets est mauvais ou incomplet. Ce n'est pas qu'il soit trop simple (quoiqu'il le soit aussi), mais plutôt qu'un tel laisser-faire libère l'enfant exactement pour ce qui n'est pas lui, c'est-à-dire, ni pour son propre être, ni pour ce qu'il « doit » être. Pour Heidegger, les choses ne sont pas si simples : l'enjeu est plus complexe.

Contrairement à l'« *Einspringen* » (« précipitation »), le « *Vorausspringen* » (« devancement ») permet à l'autre d'accomplir ses propres devoirs ; par nos efforts, l'autre est amené à sa liberté en tant que telle et est mené dans son chemin, de façon telle que tout est fait afin que l'autre puisse approprier ses propres possibilités. Ce qui est en jeu ici est plus que les nœuds des lacets (même les doubles nœuds) ; ce pourrait aussi être seulement une tasse de café ou une cigarette, *pourvu qu'il s'agisse toujours d'une relation humaine entre humains.*

Cette assistance de l'attention dont parle Heidegger a égard (ou manque d'égard) envers l'autre. Positivement — c'est-à-dire en tant que l'assistance est actuellement *mise en pratique*, car avoir l'*intention* d'aider n'est pas assez pour Heidegger, tout comme elle ne l'était pas aussi pour Nietzsche — on approche l'autre avec attention pour l'amener ou le diriger vers son plus extrême potentiel pour être : on est investi avec l'autre précisément là où notre investissement a le potentiel de faire une différence dans le temps pour les propres possibilités de l'autre *Da-Sein*.

Ceci est la clé de l'idée, chez Heidegger, d'authenticité ou d'*Eigentlichkeit*. C'est dans ce temps de l'authenticité que se trouvent la réalisation ou la non-réalisation de nos possibilités proprement dites. Il y a plus dans cette affaire que les lacets de chaussures ou la retenue bien aimante de la mère, plus que le fait de laisser l'enfant tâtonner avec ses propres lacets à la différence de la tactique conservatrice suivant laquelle il n'aura plus à s'en soucier « entièrement » (§ 26/122). Mais comme Kant l'avait déjà dit, il n'est pas facile de comprendre qu'il faut se séparer de la vision positive que nous avons de nous-mêmes en tant que nous sommes des personnes pleines de sollicitude, attentionnées, et il est encore plus difficile d'accompli une telle séparation.

Cette même éthique de l'assistance — notez que cette traduction de *Fürsorge* est peut-être meilleure que « souci mutuel » — peut aussi clarifier ce que Nietzsche dit contre la pitié. Pour Nietzsche, la pitié ne coute rien à celui qui s'apitoie et n'offre rien que de la pitié à celui qui est pris en pitié. Rien pour rien : l'échange est quand même producteur, car il est le moteur de ce que Nietzsche appelle la généalogie de la morale et rend l'humanité intéressante pour la première fois.

Dans ce procès, celui qui s'apitoie se sent supérieur ; en même temps la pitié est irrésistiblement séductrice pour celui qui est pris en pitié car — et c'est là le moment le plus hégélien chez Nietzsche —, ce dernier se reconnaît et s'affirme dans le fait qu'il se croit être dans le regard des autres : qu'est-ce qu'un bossu, demande Nietzsche dans *Zarathoustra*, sans sa bosse ? En ceci réactif et pour rendre sa condition manifeste devant les autres, l'injurié, le handicapé s'incline devant sa condition. On se sent fatigué et on se voûte les épaules et cela devient permanent ; on a mal à la tête et, pour le manifester, on grimace, on gémit, et surtout quand famille et amis sont présents.

On peut tirer un autre exemple des sports.

La phrase que je retiens ici est « interférence courante »,[65] phrase qui est assez spécifique au « football » américain quoique le déploiement de jeu entre équipes est aussi pertinente au football que dans d'autres compétitions sportives.

Quand, dans le football américain (on trouvera facilement un parallèle avec le vrai football), le quart-arrière a la balle et court vers la ligne de but, son succès ne dépend pas seulement de ses propres efforts (bien que ceux-ci ne soient pas sans importance), mais aussi de ceux de ses coéquipiers. Le quart-arrière a souvent tendance à être moins imposant que ses coéquipiers et l'entraîneur, par exemple, peut lui dire de « s'aplatir » dès qu'il risquera d'être taclé ou de lui faire d'autres recommendations semblables. Cela veut dire que, pour qu'il réussisse, l'effort et la coordination de ses coéquipiers sont absolument indispensables ; ceux-ci doivent anticiper non seulement le meilleur chemin pour le quart-arrière mais aussi s'aider les uns et les autres afin d'avancer le projet commun. Même si nous parlons de « *team work* », au bout du compte, en cas de succès, la gloire reviendra au quart-arrière. Les joueurs anticipent les efforts souvent violents de l'autre équipe pour empêcher le succès de la manœuvre et, ce faisant, ils aident le quart-arrière à réussir dans son projet, ce qui est bénéfique pour l'équipe entière dans le contexte du match. Mais, et c'est à noter, c'est le quart-arrière même qui accomplit son meilleur effort et projet. Prenons un exemple plus européen : lors des courses cyclistes, il revient au coureur principal d'une équipe de rouler

---

[65] En anglais, « *running interference* ».

dans la roue de ses co-équipiers afin d'économiser ses forces pour le sprint final. La gloire de la victoire revient au coureur principal mais sa réussite est impossible sans le soutien de son équipe, mieux : sans l'assistance à vrai dire accorder par les siens.

Une éthique de l'assistance heideggérienne requiert qu'un acte soit fait avec les autres — *pour le bien de l'autre*. Mais qui sera l'autre ? La parabole du Bon Samaritain éclaire la question de ce que nous devons aux autres qui ont besoin d'assistance, en particulier à ceux que nous connaissons peu ou pas (ou, en d'autres termes, de ce qui nous appartient véritablement dans cette question d'assistance) :

> Un homme descendait de Jérusalem à Jéricho, et il tomba sur des bandits ; ceux-ci, après l'avoir dépouillé, roué de coups, s'en allèrent en le laissant à moitié mort. Par hasard, un prêtre descendait par ce chemin ; il le vit et passa de l'autre côté. De même un lévite arriva à cet endroit ; il le vit et passa de l'autre côté. Mais un Samaritain, qui était en voyage, arriva près de lui ; il le vit et fut saisi de pitié [ἐσπλαγχνίσθη]. Il s'approcha, pansa ses plaies en y versant de l'huile et du vin ; puis il le chargea sur sa propre monture, le conduisit dans une auberge et prit soin de lui. Le lendemain, il sortit deux pièces d'argent, et les donna à l'aubergiste, en lui disant : « Prends soin de lui ; tout ce que tu auras dépensé en plus, je te le rendrai quand je repasserai ». (*Luc*, 10. 30-35)

Remarquez que cette « pitié » que le Samaritain a pour l'homme laissé pour mort est beaucoup plus que la pitié au sens quotidien. Le mot grec ἐσπλαγχνίσθη désigne une torsion dans les intestins (σπλάγχνα désigne les entrailles) et se traduit généralement par *compassion*. En latin, on trouve *misericordia*. La pitié simple, à la différence de ces torsions intestinales, ne nous demande pas plus que de regretter le sort de l'autre. La pitié est un sentiment tout à fait compatible avec le comportement du lévite et du prêtre. C'est un fait que, plus que le Samiritain, le lévite comme le prêtre ont les moyens d'assister le blessé et ont la réputation des hommes de bonne volonté et de bonnes œuvres. Mais en l'occurrence, et en dépit de ce qui serait donc leur devoir ou leur « métier » (aider un autre), ils évitent chacun tout contact avec l'homme dépouillé, blessé et battu, conséquence précisement de ce métier (on doit se « sauvegarder »). Quoique la définition du mot *samaritain* dérive de nos jours de cette parabole, il faut souligner ici que, dans le contexte biblique, un Samaritain n'aurait assurément pas joui de ressources supérieures à la réputation du lévite ou du prêtre. Seul le Samaritain interrompt pourtant son voyage, prend personellement soin de l'homme blessé — « pansa ses plaies en y versant de l'huile et du vin » — pour, ensuite, l'amener par ses propres moyens dans une auberge afin qu'il puisse se remettre de ses blessures. En cela, le Samaritain a entreprit de transférer le devoir de sollicitude à quelqu'un dont la profession (rémunérée) est d'offrir assistance aux étrangers, c'est-à-dire au propriétaire de l'auberge. Mais — et c'est là l'excellence particulière du Samaritain — ce transfert ne marque pas la fin de sa sollicitude, puisqu'avec une considération circonspecte, il promet de revenir pour s'assurer que le blessé récupère et pour payer d'autres frais éventuels liés à sa convalescence.

En ce sens, sous sa modalité positive, l'assistance requiert qu'on *fasse* quelque chose, qu'on fasse tout ce qui peut être nécessaire pour l'autre, et que nous le fassions même si cela nous dérange. Malgré l'effort que cela nous demanderait, ce qui est en jeu n'est pas un « sauter-dedans » pour l'autre (un autre qui était comme au bord de son existence, au-delà de tout soin ou souci, comme nous le disons) mais plutôt de *libérer* l'autre exactement *pour* ses soucis véritables. Comme la victime avait été dépouillée de toutes ses ressources, ses soucis mondains seront immenses et c'est précisément en vue de ces troubles de la vie que le Samaritain lui rend l'existence, « authentiquement » comme Heidegger le dit, et, du coup, comme « pour la première fois ». Ceci demande que le Samaritain prend pour sien et sur son temps ce qui est propre à l'autre afin, ensuite, de le restituer à l'autre comme ce qui pourrait être (et peut-être ne pas être) réalisé comme propre à l'autre, comme les possibilités qui lui sont les plus les siennes.

C'est peut-être cette obligation éthique extrême, autant du côté de celui qui est aidé que du côté de celui qui vient en aide (et ceci a peut-être affaire à l'exigence authentique de Heidegger), qui nous trouble comme lecteurs et qui nous fait croire que ce dont parle Heidegger ne peut pas être une éthique. Une chose telle que ce qu'a fait le Samaritain — nous nous en assurons — ne peut pas être ce que nous *devons* faire dans chaque cas. Il s'agit peut-être du bien pour un Samaritain ou un saint : mais comment pourrait-ce être une règle pour nous ? Et d'ailleurs, n'avons-nous pas des institutions en place, ainsi la police et le service des urgences, pour s'occuper de tout cela ?

J'ai offert cette lecture d'une éthique en me servant d'exemples tirés d'un film, de sports, et de la parabole du Bon Samaritain : tout ceci confirme mais aussi élargit la pensée de Kant, « aidez quand on peut », et nous montre ce à quoi nous sommes dans chaque cas obligés, mais aussi ce que Heidegger apporte, et ajoute à Kant, en soulignant que l'obligation s'applique même lorsque nous n'agissons pas (et nous nous rappelons que pour Heidegger, la plupart du temps, nous n'agissons pas).

Pour Heidegger comme pour Nietzsche, ce qui est important d'un point de vue éthique est seulement ce que nous faisons, et non nos in-tentions personnelles, ni, surtout pour Kant, les conséquences de nos actions. (Dans cette perspective, l'éthique heideggérienne n'est ni dé-ontologique, ni utilitaire.) Ce que nous reconnaissons avec Kant, c'est que la règle reste obligatoire même quand nous ne l'observons pas. Si Kant prend le soin de souligner qu'il ne répète pas simplement la « règle d'or », la règle qu'il nous donne — *l'impératif catégorique* — nous per-met de nous évaluer nous-mêmes par le test d'une compatibilité de notre maxime avec une loi universelle ; c'est ainsi selon une loi de la nature que nous ne disposons pas du droit de ne pas aider ou on le peut.

Nous remarquons donc que, d'ordinaire, les éthiques philosophiques (avec une exception partielle de la « *virtue ethics* ») se concentrent sur les actions des *autres* considérés comme d'autres généralisés. C'est par l'éthique, disait Schopenhauer, que nous disons aux autres ce qu'ils doivent faire. En revanche, Heidegger propose une éthique tragique ou, pour mieux dire, héraclitienne, qui relève du caractère de l'acteur, nous impliquant les uns avec les autres, car nous connaissons non seulement notre propre projet mais aussi ceux des autres (*Mitwelt*), et nous sommes donc conscients non seulement de nos propres possibilités mais aussi de celles que l'autre a devant lui comme relevant de son projet propre à lui (*Mitsein*). Comme le démontre la parabole du Bon Samaritain, il ne s'agit pas de lire dans l'esprit des autres ou de savoir mieux que les autres ce qui est bon pour eux. Non, cette éthique exclut la question de savoir, par exemple, ce qu'un sans-abri qui vous demande une aumône fera ou ne fera pas avec cette petite somme d'argent que vous lui offrez.

Il existe maintes formes d'attention circonspecte envers ceux qui nous entourent comme autres, ces autres qui nous sont présents : on peut, par exemple, prendre note d'une personne qui marche trop lentement à travers un carrefour dangereux. Il ne s'agit pas de courir l'aider — il y a beaucoup de façons de rendre assistance. Les instituteurs et les amis ont d'autres possibilités pour veiller sur ceux qui sont à leur charge. Mais comme êtres humains, et étant donné notre condition humaine, quand nous rencontrons une personne blessée ou nécessiteuse (et dans ces jours austères il n'y a pas d'environnent urbain où cela n'est pas le cas), la plus commune de nos réponses reste une non-réponse, ce que Heidegger appelle l'assistance (négative). C'est bien aussi une modalité du souci mutuel : nous tournons la tête avec un soin réfléchi (si on peut le dire), ou en justifiant notre inattention en nous assurant que les services sociaux s'occuperont de ce cas, ou en nous asurant que c'est la faute de cette personne qui, dès lors, devrait donc être laissée à ses propres soins.

Remarquez qu'il y a là aussi un jugement moral, une sollicitude négative, exactement comme le décrit Heidegger. En ce sens, une espèce d'éthique fait bien partie intégrante de l'être du *Dasein* :

> Le pouvoir-être à dessein duquel est le *Dasein* a lui-même le genre d'être de l'être-au-monde. Il a donc ontologiquement en lui rapport à l'étant intérieur au monde. Le souci est toujours, ne serait-ce qu'à titre privatif, préoccupation et souci mutuel. (§ 41/194)

Mais il est aussi clair que le *Dasein* semble en soi orienté vers le moi, qu'il est même égoïste : après tout, le but n'est-il pas l'authenticité proprement dite, et précisément la mienne? Un *Dasein* (moi tout seul) libre pour son tout possible, pour ses propres possibilités, dont Heidegger traite en traitant de la « peur » et qui semble plus que tout orienté vers cette « angoisse » qu'il caractérise comme annulée ou minimisée par les conventions quotidiennes. Avoir le *Dasein* comme foyer semble prendre le soi comme foyer, pour lui-même en soi et non pour les autres. Mais l'éthique d'Aristote visait aussi la perfection éthique de l'individu, une perfection pour laquelle Aristote présupposait la présence des autres, donc la politique, avec l'amitié au sommet, exactement comme le fait Heidegger avec les autres, dans un monde qui est à l'origine un monde-avec.

Heidegger soutient que

> La résolution en tant qu'oser à fond être soi-même ne retranche pas le *Dasein* de son monde, elle ne l'isole pas pour en faire un je lâché dans le vide. Comment le feraitelle, du reste – elle qui, comme ouverture propre, n'est quand même proprement rien d'autre que *l'être-au-monde.* La résolution amène justement le soi-même dans l'être chaque fois pré-occupé après l'utilisable et le met en contact avec les autres dans l'être-avec en souci mutuel. (§ 60/298)

Ainsi, Heidegger est à mettre en parallèle avec Kant : nous sommes avec et pour les autres, et nous ne pouvons pas traiter ceux avec qui nous sommes dans le monde, que nous soyons dans notre propre personne ou dans un autre, comme de simples moyens mais toujours comme des fins en soi, — et c'est là une différence avec Kant — *propre à l'autre spécifique*. Heidegger nous rappelle que nous connaissons toujours déjà cette fin en soi, même lorsqu'il nous explique pourquoi et par quel enchaînement de mécanismes nous en perdons expressément conscience[66].

Depuis un certain temps, nos préjugés envers la question éthique chez Heidegger ont été non seulement formés par son nazisme et/ou par son antisémitisme (« historique » ou « onto-historial » ou bien autre), mais aussi par une définition traditionnelle de l'éthique qui semblerait exclure toute considération de ce que Heidegger dit sur l'éthique. Les réflexions présentées ici nous indiquent, je l'espère, qu'il pourrait valoir la peine de pousser la réflexion sur ce que Heidegger dit sur l'assistance. Je dis « pourrait », car en disant « devrait », je nous laisserais avec l'impression que nous n'avons pas besoin de faire quoi que ce soit. Les réflexions présentées ici au sujet de l'assistance visent, entre autres, à nous rappeler qu'il se peut que plus soit requis de nous, et qu'il l'a toujours été.

Résumé

Dans sa réponse à la question principale que lui posa Beaufret — Comment redonner un sens au mot « humanisme » ? –, Heidegger s'est souvenu d'une question antérieure : « Peu après la parution de *Sein und Zeit*, un jeune ami me demanda: ' Quand écrirez-vous une éthique ? ' » Sa réponse suggère qu'il considérait qu'une éthique était déjà présente dans son œuvre. Il continuait en demandant : « Qu'est qu'une éthique ? » et avnçait que, « si l'on peut se permettre ce rapprochement, les tragédies de Sophocle abritent plus originellement l'ἦθος dans leur dire que les leçons d'Aristote sur l'Éthique ». Il y a donc, avant Aristote, une éthique encore plus originaire, une éthique tragique comme nous le savons de Nietzsche.

66 *Cf.* Heidegger, *Être et temps*, § 60/298.

Notons ici que l'éthique non-tragique, l'éthique traditionnelle comprend toujours une échappatoire, ayant porté son critère d'excellence si haut que tout souci du bon, de ce que l'on doit faire, d'une norme éthique que l'on doit suivre, sera immédiatement admis ou désavoué comme trop sévère en pratique. Chaque discussion de l'éthique est donc accompagnée de la concession pratique voulant que, même si un tel idéal est irréalisable dans cette vie, ce défaut ne compromet en aucun cas l'idéal, car c'est cela même qui fait de l'idéal un idéal. Il s'agit ainsi, comme nous le dit Kant, non de ce que nous faisons, mais de ce que nous *devons* faire. *Éthique* est un nom modal.

Si Nietzsche, se référant à la philosophie morale de Kant, le congédiait comme un de ceux « qui promettent sans en avoir les moyens » et évoquait le « menteur qui trahit sa parole au moment même où il l'a sur les lèvres » (GM II, 2), un examen de l'éthique de l'assistance de Heidegger indique que nous sommes déjà et toujours dans un regard d'assistance envers les autres, même si c'est d'une manière négative ou défectueuse. Chemin faisant, on aura eu affaire à la condition humaine chez Heidegger, à l'amitié, aux lacets de chaussures, même au football, comme des anges, au désir — et, seulement pour le frisson, au café.

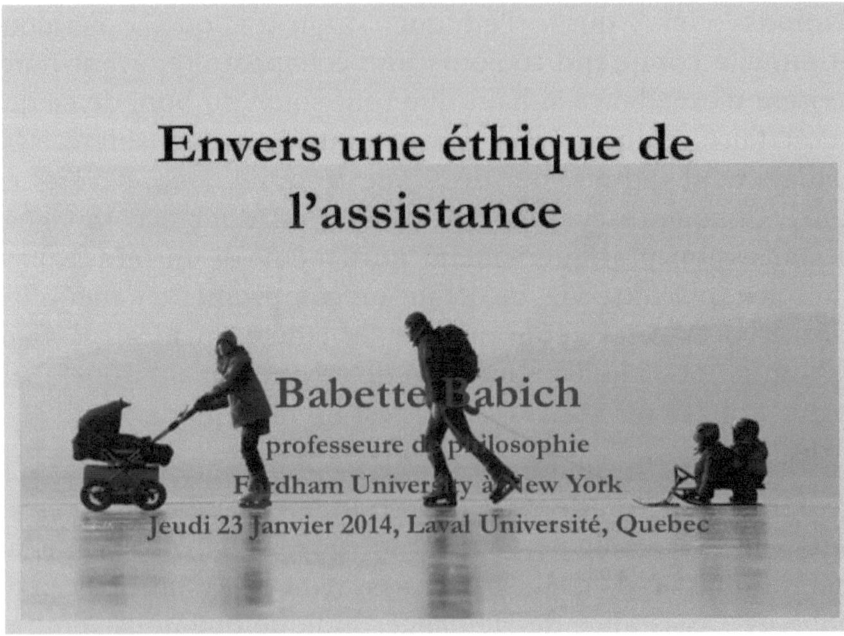
Envers une éthique de
l'assistance
Jeudi 23 Janvier 2014, Laval Université, Quebec

Heideggers Ethik der Fürsorge
Prof. Dr. Babette Babich
Fordham University, New York City
Freiheit und Geschick
V. Messkircher Heidegger-Konferenz
Samstag, den 24. Mai 2014
14.15 – 15.10, Bürgersaal
Heidegger-Archiv Schloß Meßkirch

Un politique brisé:
Autour de la guerre et de la Lettre
sur l'humanisme de Heidegger
Babette Babich
Conférence le 29 juin 2015, 14:00
Université de Montréal
Département de philosophie, Salle 427

L'Humanisme

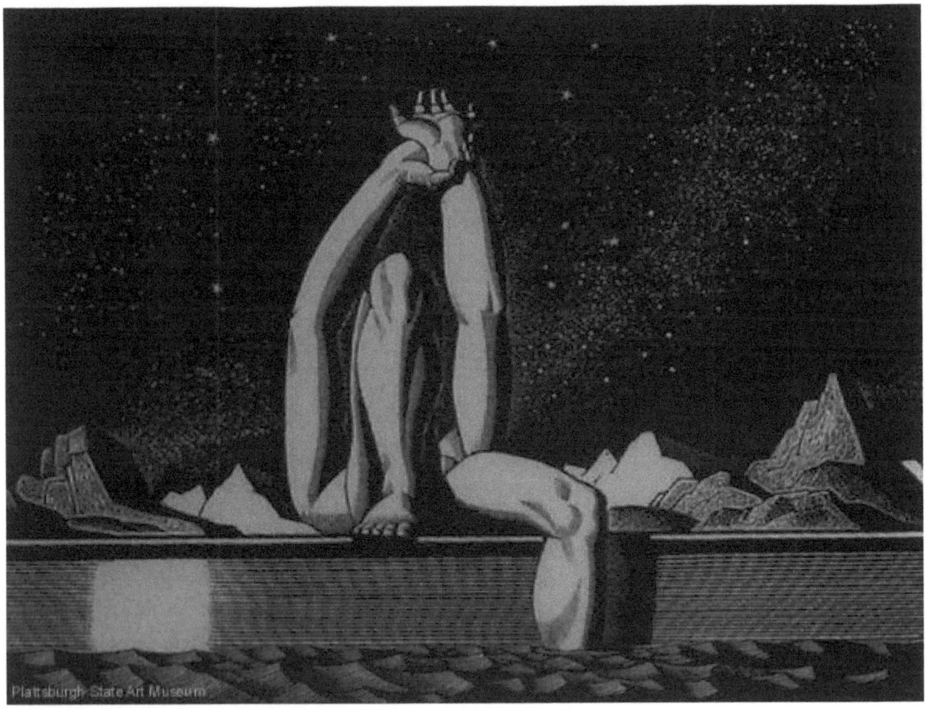

Figure 5 – Rockwell Kent, *Starlight*, 1930, Wood Engraving, 5.25 x 6.75. *Gift of Sally Kent Gorton.*
Reproduit avec l'autorisation de le Plattsburgh State Art Museum.

Un politique brisé : De la guerre et de la «Lettre sur l'humanisme» de Heidegger

> **« Tel est bien ce qu'il nous faut dans la pénurie actuelle du monde : moins de philosophie et plus d'attention à la pensée; moins de littérature et plus de soin donné à la lettre comme telle. »**
>
> **Heidegger, *Lettre sur l'humanisme***

La question sur l'humanisme fut posée par Jean Beaufret à Heidegger en 1946 dans un cadre « politique », et ceci à plusieurs niveaux.[67] La réponse à Beaufret faite par Heidegger est également « politique » : elle invoque non seulement la technique, mais aussi la question de la science qui, dans les mots de Nietzsche, reste encore aujourd'hui "trop pieuse" pour que

---

[67] Voir Martin Heidegger, Jean Beaufret *Lettre sur l'humanisme*, Paris, Aubier, Montaigne, 1957, cf. ici la traduction de Roger Munier (édition bilingue), Paris, Aubier, 1983. Cité ici de Heidegger, *Questions III et IV*, Paris, Gallimard, 1966, p. 67. Cf. Heidegger, *Über den Humanismus. Brief an J.Beaufret,* Paris / Bern, Francke, 1954. Maintenant que, dans la marée du scandale autour de la publication en 2013 des *Cahiers Noirs*, on nous demande de prêter attention (ou "d'écouter") les questions de ton, on peut noter 'l'impatience' de Heidegger avec cette question dans sa première réponse à la formulation initiale. Cependant, Heidegger insiste : « le principe premier de l'existentialisme' n'a pas le moindre point commun avec la phrase de *Sein und Zeit.* » p. 86. Et voir aussi Janicaud et Mattei dans Bruno Pinchard, dir., *Heidegger et la question de l'humanisme. Faits, concepts, débats*, Paris, Presses Universitaires de France, 2005.

nous puissions l'articuler comme question. Ce sera cette question que développera Heidegger dans les conférences de 1949 qu'il présente aux hommes d'affaires de l'Allemagne, conférences comprenant celle sur le *Gestell,* publiée en 1953 comme *La question de la technique.* [68]

La préoccupation de Heidegger de penser la technologie et, en particulier de penser sa relation avec les sciences naturelles modernes restera avec lui jusqu'à la fin de sa vie. [69] Sa discussion du « malfaisant », *das Bösartige,* pensée enchevêtrée dans ce qui expie/guérit/sauve [*das Heilen*] (traduit ici comme *inaugurant,* ou comme *transition dans,* ce « domaine où se lève l'aube de l'indemne »[70]) est particulièrement signifiante car, pour Heidegger, le langage est « la maison de l'Être », [71] tout comme l'humain est le « berger de l'Être » (et ceci s'oppose à l'idée de l'humain comme « le maître de l'étant »[72] — caractérisation traditionnelle de l'être humain comme le sommet de la création divine). Tout ceci est approfondi par ses réflexions sur la

---

[68] En français comme « La question de la technique » dans *Essais et conférences*, trad. André Préau, Paris, Éd. Gallimard, 1958, p. 9-48. La question sur la science n'est pas résolue dans ce texte, ni dans les conférences de Fribourg et de Brême, ni dans les quinze années qui suivent. Heidegger notera plus tard le souci unique de la science pour le « Seienden » comme aussi pour la certitude scientiste, aujourd'hui plus forte que jamais, que seule la science nous offre la « vérité objective. » [*die Wissenschaft allein gebe die objective Wahrheit*]. On cite souvent mais ne comprend que peu la distinction que fait Heidegger entre science/scientisme et la religiosité. Quand il parle de la science comme „*die* neue Religion" il parle ironiquement: "*Ihr gegenüber scheint ein Versuch, das Sein zu denken, willkürlich und mystisch'.*" Heidegger, *Zollikoner Seminare*, dir. Medard Boss, Frankfurt am Main, Klostermann, 1994, p. 21. Voir aussi Babich, "Constellating Technology: Heidegger's *Die Gefahr* / The Danger," in: Babich/Ginev (éds.), *The Multidimensionality of Hermeneutic Phenomenology*, Frankfurt am Main, Springer, 2014, p. 153-182.

[69] Voir les essais, y compris le mien, sur Heidegger, la mesure, et la science dans Patricia Glazebrook, ed., *Heidegger on Science*, Albany, State University of New York Press, 2012 aussi bien que dans Babich, Denker, and Zaborowski (éds.), *Heidegger und Nietzsche*, Amsterdam: Rodopi Verlag, 2012.

[70] Heidegger, *Lettre sur l'humanisme*, p. 121

[71] Heidegger, *Lettre sur l'humanisme*, p. 67-127.

[72] Ibid., p. 101.

proximité [*Nähe*] et la *Nachbarschaft*. Dans le domaine de l'éthique, on ajoute souvent un lien avec ce qui est traditionnellement supposé être 'sacré', particulièrement où Heidegger parle de la lumière de « l'éclaircie de l'Être ».[73] C'est pertinent ici que Nietzsche lui-même parle dans la même phrase du bien *et* du mal comme il nous le propose dans son livre de 1886 intitulé très explicitement *Par-delà le bien et le mal. Prélude d'une philosophie de l'avenir*, livre qui fait suite à *Un livre pour tous et pour personne*, c'est á dire *Ainsi parlait Zarathoustra Un livre pour tous et pour personne?* (donc un livre qui, entièrement dans le sens que lui donne Lacan, cache un message en pleine vue, une espèce de livre cheval de Troie, piège pour ses lecteurs).[74]

Contrairement à l'expédition complexe de Nietzsche au-delà des valeurs morales traditionnelles, Heidegger, en bon logicien, suit Parménide tout comme la tradition scolastique : « Tout non n'est que l'aveu du ne-pas [*Alles Nein ist nur die Bejahung des Nicht*], et tout aveu repose dans la reconnaissance. » [75] En ce sens, pour Heidegger, ce qui est à être pensé est « la pure malice de l'agir humain [*der bloßen Schlechtigkeit des menschlichen Handelns*] », c'est-à-dire la malignité troublante du vicieux. C'est ce que Heidegger appelle le '*Grimm*' (traduit comme « de la fureur »), un mot qui, comme *grauenvoll* et *unheimlich,* doit être compris en un sens ontique et littéral : ce mot reflète le monde

---

[73] Ibid.

[74] Voir Babich, "On the Order of the Real: Nietzsche and Lacan." dans: David Pettigrew and François Raffoul (éds.), *Disseminating Lacan*, Albany: State Universitz of New York Press, 1996. 48-63 et, afin de souligner les subtilités du style spécifique à Nietzsche par regard aux présuppositions ou "convictions" comme Nietzsche les nomme, voir aussi bien Babich, "Nietzsche et Eros entre le gouffre de Charybde et l'écueil de Dieu: La valence érotique de l'art et l'artiste comme acteur — Juif — Femme", trad. fr. de Isabelle Wienand, *Revue Internationale de Philosophie*, 211, N° 1 (2000): 15-55.

[75] Heidegger, Lettre sur l'humanisme, p. 101 [*Wegmarken*, 355].

tel qu'il a été livré à Heidegger et à ses compatriotes dans le sillage de la destruction de la deuxième guerre, non seulement en (mais particulièrement) Allemagne, mais pour (et particulièrement) les Allemands.

Heidegger ne dit pas plus que cela. L'effort pour penser cette affirmation a mobilisé l'énergie de beaucoup de chercheurs avant la mienne. Heidegger trouve nécessaire de souligner là d'où vient le mal dans la présence du sacré, comme dans une guérison. Je reviens à la phrase toute entière : « En même temps que l'indemne, dans l'éclaircie de l'Être apparaît le malfaisant ». (121/355)

Au-delà de cette réflexion élusive (et troublante) sur le bien et le mal, au-delà de la question de l'humain et de l'inhumain (c'est-à-dire des dures arêtes du nihilisme), ce qui traverse la *Lettre sur l'humanisme* toute entière est le souci qu'a Heidegger de ce qui, étant donné son propre jugement sur la réception de son travail dans les *Cahiers noirs*,[76] pourrait être nécessairement désigné comme l'échec de sa pensée. Il décrit cet échec comme « la mauvaise interprétation inévitable » de son travail. Déjà depuis la publication d'*Être et temps*, Heidegger avait essayé de se protéger contre de telles mauvaises interprétations, écrivant que le lecteur devrait prendre un certain temps pour réfléchir à ce qu'il affirmait — pensez par exemple aux concepts d'authenticité ou à ceux de *Sein* et *Da-Sein* — avant de conclure qu'il n'en va que du sens ordinaire de ces mots. Et il y a dans son œuvre de tels efforts à plusieurs reprises: dans l'*Introduction à la métaphysique*, Heidegger s'adresse aux contestations logiques que fit Carnap à ses considérations sur le « Nichts ». Pareillement, dans la lettre à Beaufret. Heidegger invoque la

---

[76] Babich, « Heidegger's Black Notebooks: The *Nachlass* and Its *Wirkungsgeschichte* » dans Jeff Malpas et Ingo Farin (éds.), *Heidegger's Black Notebooks*, Cambridge, MA, MIT Press, 2016, pp. 59-86.

clôture *Nichtet* là où, comme nous l'avons noté, il fait aussi l'observation tout à fait logique — *nego* — pour le dire encore une fois : « Tout non n'est que l'aveu du ne-pas » (121). Dans *La question de la technique*, une précision terminologique analogue est au centre de son effort de soutenir que son projet n'est pas une condamnation de la technologie. En un certain sens, les écrits de Heidegger possèdent un accord rhétorique, comme le font ceux de Jean-Paul Sartre dans l'exposé qu'il fit en 1945 à Paris, *L'existentialisme est un humanisme,* texte qui inspira la lettre de Beaufret. Les deux commencent par l'invocation rhétorique classique (classique parce que nous le reconnaissons dans *L'Apologie* de Platon) de la nécessité de se défendre tout d'abord contre ceux qui ont lancé, comme on pourrait le dire, leurs attaques de la rue (ou pareillement et bien plus pire aujourd'hui : de l'internet).

Heidegger résumera plus tard cet effort pour surmonter le préjudice et la conviction dans sa conférence « Temps et Être ».[77] Il commence par rappeler à ses auditeurs que l'on ne présumerait pas d'avoir une compréhension immédiate et instantanée d'un tableau de Paul Klee : il illustre le point en invoquant deux de ses derniers tableaux, prenant un soin scientifique de préciser pour chacun son moyen d'expression spécifique : « *Heilige aus einem Fenster,* aquarelle », et « *Tod und Feuer,* gouache sur jute », afin de rappeler à ses auditeurs que les tableaux de Klee sont des objets techniques pour la science de l'histoire de l'art: *die Kunstwissenschaft* - comme l'est aussi le "Siebengesang des Todes" de George Trakl, poème qui répond aux exigences d'une autre discipline — *die Literaturwissenschaft* — que Heidegger

[77] *Prologue, Temps et Être*, dans *Questions III et IV*, p. 192. *Zeit und Sein* est le titre d'une conférence suivie d'un séminaire donné en 1962, publiée d'abord en allemand (et en français) en 1968 dans le contexte d'une célébration de Jean Beaufret, *L'Endurance de la Pensée. Pour saluer Jean Beaufret*, Paris: Plon, 1968, pp. 13-71. Cf. *Zur Sache des Denkens*, Tübingen, Max Niemeyer, 1969.

connaissait bien par ses échanges avec Emil Staiger (et bien d'autres), ou comme encore la physique, archi-science des sciences, la physique quantique en particulier : il nomme son ami Werner Heisenberg.

En invoquant ces trois exemples, Heidegger attire notre attention sur le fait que quoiqu'on prenne un soin « réticent » quand on commence à considérer les objets dans leurs champs d'expertise, on n'est aucunement pareillement restreint quand on a affaire à la philosophie. Dans le cas de la philosophie, on s'attend à avoir une illumination immédiate et utile : une application pour notre vie.[78] Et on demande aujourd'hui que la philosophie soit populaire et que les intellectuels soient « engagés ».

Le « tournant » dans la pensée de Heidegger

Comme nous le savons, Heidegger répond à la question de Beaufret en articulant la difficulté de comprendre *Da-Sein* [Être-là] comme « ek-sistant ». En d'autres termes :

[78] Heidegger, *Temps et Être*, p. 192. À cette époque la plaisanterie aurait pu être que l'on pourrait dire que nous sommes tous « poppériens » car la philosophie serait une question de « résoudre les problèmes » (en isolant des arguments et ainsi de suite) et en attendant des solutions. Selon cette tendance la philosophie analytique de nos jours, avec son insistance pour la clarté, reste en parallèle avec ce « poppérianisme » du temps de Heidegger. Voir, dans Babich, *La fin de la pensée*, Paris, l'Harmattan, 2012, mon effort pour thématiser ce préjugé dans un contexte spécifiquement francophone. Ceci n'est pas vrai, comme on peut voir en lisant un exemplaire de *Mind* ou *Synthèse*, en prenant un article au hasard. Que la philosophie soit analytique ou classiquement continentale (NB : la qualification de "classique" est indispensable étant donné que la philosophie analytique coopte toute sorte de philosophie – historique ou 'continentale' selon son image et style), elle est cependant une affaire technique, ayant nécessairement des référents ésotériques.

> En tant qu'ek-sistant, l'homme assume être-le-là [Da-sein], lorsque pour « le souci » il reçoit le là comme l'éclaircie de l'Être. Mais cet être-le-là déploie lui-même son essence comme ce qui est « jeté ». Il déploie son essence dans la projection de l'Être, cet Être dont le destin est de destiner. (84/324)[79]

Cette phrase me semble résumer *Être et temps* (du moins dans le contexte de la réception actuelle du livre tel qu'il nous est parvenu). Cependant, étant donné ce qui est en jeu avec l'existentialisme du point de vue politique comme aussi avec la question de la signifiance d'*Être et temps*, Heidegger insiste immédiatement sur le fait que nous nous trompons — il parle de *Verwirrung* — « ...[de vouloir] expliquer cette proposition sur l'essence ek-sistante de l'homme comme si elle était la transposition sécularisée et appliquée à l'homme d'une pensée de la théologie chrétienne sur Dieu (*Deus est suum esse*) [*Dieu est son Être*] » (*ibid.*), et non seulement parce que, comme Heidegger insiste dans *Être et temps* (qu'il cite ici), « 'L'essence' de l'être-là réside dans son existence». (84/322)

Cette considération est décisive pour ce que nous appelons le « tournant » dans la pensée de Heidegger — peu importe que nous poursuivons les analyses de Reiner Schürmann ou bien de Jean Grondin, ou encore plus récemment de Dominique Janicaud ou bien du Père William Richardson lui-même, nous suivons tous l'articulation qu'a fait Heidegger :

> C'est en ce point que tout se renverse. Cette section ne fut pas publiée, parce que la pensée ne parvint pas à exprimer de manière suffisante ce renversement [*Kehre*] et n'en vint pas à bout avec l'aide de la langue de la métaphysique. (85/325)

Avec ceci nous pouvons contextualiser la réflexion que fait Heidegger à propos de l'absence supposée d'une éthique dans sa philosophie : « Peu après la parution de *Sein und Zeit*, un jeune ami me demanda: 'Quand écrirez-vous une éthique?' » (114/349)

---

[79] « L'homme est bien plutôt « jeté » par l'Être lui-même dans la vérité de l'Être. » p. 88.

C'est le cas, Heidegger soutient en réponse, que l'on peut trouver déjà dans Sophocle l'articulation très claire d'une éthique, point qu'il soulignera dans son *Introduction à la métaphysique*. Cependant, à ce moment, soit immédiatement après la guerre, Heidegger ne met en relief ni l'aventure éthique d'Antigone, ni celle de Rilke qu'il soutient ailleurs comme étant de la nature de la condition humaine en soi. Sa réponse est plus sympathique : c'est-à-dire plus embarrassante. Il offre à Beaufret une parabole autoréférentielle[80] et raconte une histoire de touristes intellectuels qui seraient venus à la recherche d'Héraclite (lire : Heidegger), une histoire de visiteurs qui auraient trouvé l'homme qu'ils cherchaient mais qui s'en sont immédiatement retournés prendre leur retraite chez eux aussitôt après avoir reconnu qu'ils n'avaient pas rencontré l'image du chercheur pour lequel ils supposaient être venus.

Le motif du Nouveau Testament — *cherchez et vous trouverez* [Mat. 7.7] — était clé pour Heidegger. Depuis le début d'*Être et temps,* il se concentrait sur le questionnement comme questionnement : l'apport religieux fut noté par le Père jésuite William J. Richardson et, quoiqu'avec de différents accents, par plusieurs autres.[81] Mais dans ce cas, c'est peut-être l'esprit de Heidegger qui fait son chemin selon son penchant didactique. Pour Heidegger, dans cette parabole surdéterminée, les philosophes chercheurs qui recherchaient Héraclite sont dévoilés : ce sont effetivement des touristes de et dans l'esprit : ils sont venus voulant trouver le penseur dans une pose aimable

---

80 Il est difficile de ne pas lire cette anecdote comme auto-biographique, donc se référant à Heidegger lui-même, surtout au Heidegger qui avait tant critiqué le palabre – le *Neugier* et le *Gerede.*

81 Selon le Père Richardson qui le tient de Thomas Sheehan, Heidegger aurait autorisé Bernhard Welte de citer ce passage lors de son enterrement. Bernhard Welte, „Suchen und Finden. Ansprache zur Beisetzung von Martin Heidegger", *Christ in der Gegenwart* 28 (1976): 188. Imprimé aussi comme „Suchen und Finden. Grabrede für Martin Heidegger", *Gedenkschrift der Stadt Meßkirch an ihren Sohn und Ehrenbürger Prof. Martin Heidegger*, dir. Stadt Meßkirch, Meßkirch 1977, p. 6-9. Voir aussi Welte, "Die Gottesfrage im Denken Martin Heideggers," dans: Franz Pöggeler, ed., *Innerlichkeit und Erziehung: In memoriam Gustav Siewerth. Zum Gespräch zwischen Pädagogik, Philosophie und Theologie*, Freiburg i. Br., Herder, 1964, pp. 177-192.

d'un penseur, mais l'ont quitté déçus. La source que suit Heidegger (même dans son ton de maître d'école) est Aristote. [82]

Fig. 6 – William J. Richardson, S.J. — St. Martins Kirche, Messkirch, Mai 2014. Photographie : Babette Babich

C'est donc le déportement du corps, de l'humain-trop-humain comme clé de la phénoménologie herméneutique et perspectivale déployée par Heidegger : depuis et dans quelle perspective considérez-vous votre propre recherche, votre propre enquête ? Les visiteurs de Héraclite se trouvèrent donc embarrassés d'être venus sur lui non en train d'écrire ou plus évidemment de "penser" [83] — et qu'est-ce que représenterait 'penser'? — mais — et plutôt ou bien en plus — se chauffant le dos au feu devant un four. Ecœurés, ses visiteurs cherchèrent à se

---

82 « D'Héraclite, on rapporte un mot qu'il aurait dit à des étrangers désireux de parvenir jusqu' à lui. S'approchant, ils le virent se chauffant devant un four de boulanger. Ils s'arrêtèrent, étonnés, et cela d'autant plus que, les voyant hésiter, Héraclite leur rend courage et les invite à entrer par ces mots : "Ici aussi les dieux sont présents." » Heidegger, *Questions III*, 116.

83 « Les étrangers qui veulent rendre visite au penseur s'attendent à le surprendre au moment précis peut-être où, plongé dans une méditation profonde, il pense. » *Ibid.*

retirer. Le fait d'avoir le dos au feu nous indique qu'Héraclite les avait vu venir (il y a une allusion à Socrate ici qui parle de l'importance d'avoir vu « approcher le loup » sous la forme des manœuvres agressives de Thrasymaque dans le *Politeia* de Platon) ; ceci signifie qu'Héraclite était en position pour voir leur approche comme aussi leur tournant pour le départ. En observant leur désillusion, Héraclite les adresse directement : είναι γαρ χαι ενταδθα θεούς « Götter wesen auch hier an. » (234/352)[84] « Ici aussi les dieux sont présents ».

Dans ses réflexions sur le fragment d'Anaximandre,[85] des réflexions qui mettent en question les problèmes de traduction, Heidegger parle aussi d'une certaine habitation comme allocation, comme jointure, comme intermédiaire, ce qu'il peut appeler le "séjournant." Et il parvient à cette réflexion : « Le séjour se déploie comme l'arrivée transitaire vers le départ. Le séjour se déploie entre apparition et déclin. Entre cette double ab-*sence* se déploie la présence de tout ce qui séjourne. Dans cet 'entre', ce qui, à chaque fois, séjourne pour un temps est ajointé. »[86]

L'habitation

Pour Heidegger, l'habitation est possible comme un à-côté et une espèce de souci, idée qu'il nous offre dans le langage éthique

84 *De partibus animalium*, 645a19-20. Cf. 233.

85 « *ἐξ ὧν δὲ ἡ γένεσίς ἐστι τοῖς οὖσι, καὶ τὴν φθορὰν εἰς ταῦτα γίνεσθαι κατὰ τὸ χρεών διδόναι γὰρ αὐτὰ δίκην καὶ τίσιν ἀλλήλοις τῆς ἀδικίας κατὰ τὴν τοῦ χρόνου τάξιν* ». (Anaximandre, dans Simplicius, C*ommentaire sur le physique d'Aristote*). Traduit par Nietzsche dans *La philosophie à l'époque tragique des Grecs* comme : « D'où les choses ont leur naissance, vers là aussi elles doivent sombrer en perdition, selon la nécessité; car elles doivent expier et être jugées pour leur injustice, selon l'ordre du temps » ou «…selon la nécessité ; car ils se paient les uns aux autres châtiments et pénitence pour leur injustice. »

86 Heidegger, « La parole d'Anaximandre » dans *Chemins qui ne mènent nulle part*, Paris, Gallimard, 1962, p. 427[trad. de Wolfgang Brokmeier modifiée].

d'Anaximandre : ce n'est pas sans importance que Heidegger souligne ici la lecture que fait Nietzsche de ce fragment comme alternative à la lecture standardisée de Hermann Diels — alternative non sans importance historique.[87] Dans sa *Philosophie à l'âge tragique des grecs*, Nietzsche avait désigné Anaximandre comme le premier penseur éthique. C'est le « Ruch ».

Heidegger nous dit que c'est là un mot dont nous ne connaissons plus le sens mais il nous offre (en moyen-haut allemand) *Ruoch*, un mot, nous le notons, que, au vu des résonances entre l'anglais et l'allemand (mais non en français), on peut entendre en anglais comme « reck. » [88]

Et, chose plus significative encore pour le contexte présent, Heidegger écrit aussi que « le mot moyen-haut-allemand *ruoche* nomme le soin, le souci, la sollicitude. »[89] En effet, « la sollicitude fait attention à ce que quelque chose demeure en son être. »[90]

Ceci n'est pas le « reck » isolé d'un calcul raisonnant, mais « le reck en correspondance avec la δίκη — l'accord. »[91] Si on passe de cette lecture à l'interprétation de *τὸ κρεών* comme "der Brauch", cet usage éthique veut dire pour Heidegger : « remettre (en mains propres) et donc délivrer, remettre à une

---

87 Je souligne cette relation dans mon essai sur Nietzsche, la philologie classique et l'herméneutique, "The Ubiquity of Hermeneutics" dans: Jeff Malpas and Hans-Helmuth Gander (Éds.), *The Routledge Companion to Hermeneutics*, Abingdon, Oxon, Routledge, 85-97.

88 Les chercheurs anglophones ont été charmés de trouver cet usage par Gerard Manley Hopkins dans son poème *God's Grandeur*: "THE WORLD is charged with the grandeur of God. / It will flame out, like shining from shook foil; / It gathers to a greatness, like the ooze of oil / Crushed. Why do men then now not reck his rod?" and we may also cite the conclusion in English here: "And for all this, nature is never spent; / There lives the dearest freshness deep down things; / And though the last lights off the black West went / Oh, morning, at the brown brink eastward, springs — / Because the Holy Ghost over the bent / World broods with warm breast and with ah! bright wings." (Ecrit vers 1883 et publié en 1918).

89 Heidegger, « La parole d'Anaximandre », p. 434.

90 Ibid.

91 Ibid., p. 433.

appartenance. Or, une telle remise est ainsi faite, qu'elle maintient l'abandon, et, avec lui, ce qui est transmis. »[92]

Heidegger invoque donc un ethos existant grec qui lui sert à distinguer ses propres requêtes de celles d'une variété romaine — c'est dire qu'il n'y a pas d'éthique judéo-chrétienne. Mais, ayant fait ces distinctions, il est important de noter que cela ne veut pas dire que nous avons compris l'éthique de Heidegger en tant que telle (peut-être ne le pouvons-nous pas).[93] Nous pourrions ici plutôt retracer ses réflexions d'une manière bien plus critique depuis son *Introduction à la métaphysique* dans la discussion du *τὸ δεινότατον, τέχνη* comme offrant « le *δεινόν*, le faire-violence, quant à son trait principal et décisif »[94] et dans sa réflexion paratactique sur l'être vrai, précisément là où les commentateurs discutent ses réflexions sur la ligne 370 de l'*Antigone* de Sophocle : ὑψίπολις ἄπολις.[95]

Voila ce qui est, pour moi, l'essentiel dans les réflexions terminologiques que fait Heidegger. Nous lisons que le πόλις

> est politique, c'est-à-dire, dans le site de l'histoire [Geschichts-stätte], en tant que par exemple le poètes sont *seulement/exactement* [nur] des poètes, mais vraiment des poètes, les penseurs *seulement/exactement* des penseurs,

---

[92] Ibid., p. 441.

[93] Dans le sillage du scandale de nos jours associé avec les Cahiers noirs il est facile d'oublier la gamme des scandales passés : en plus des scandales francophones bien connus associés à Farias et à Faye comme à Fédier, voir aussi les contributions de Karsten Harries et de Christoph Jamme (Éds.), *Martin Heidegger: Politics, Art, and Technology*, New York: Holmes & Meier, 1994, et aussi Joanna Hodge, *Heidegger and Ethics*, London: Routledge, 1995; Stuart Elden, *Speaking Against Number: Heidegger, Language and the Politics of Calculation*, Edinburgh, Edinburgh University Press, 2006 aussi bien que, en allemand, Holger Zaborowski et Alfred Denker (Éds.), *Heidegger und der National Sozialismus. Heidegger Jahrbuch* 5, Freiburg: Alber, 2009.

[94] Heidegger, *Introduction à la métaphysique*, 166.

[95] Voir Jacques Taminiaux, *Chroniques d'anthropologie politique : Poèsis et praxis des Anciens eux Modernes*, Paris, Editions Hermann, 2014 ; *Maillons herméneutiques: études de poétique, de politique et de phénoménologie*, Paris, Presses universitaires de France, 2009. Parmi les lectures récentes et pour une discussion politique avec une mise en situation dans la littérature, voir le chapitre de Strong, "Heidegger and the Space of the Political" dans son *Politics Without Vision: Thinking Without a Banister in the Twentieth Century*, Chicago, University of Chicago Press, 2012, 263-324.

> mais vraiment des penseurs, en tant que les prêtres sont *seulement/exactement* des prêtres, mais vraiment des prêtres, les rois *exactement* les rois, mais vraiment des rois.[96]

Chaque membre de ce collectif *sont (sind)*. C'est-à-dire qu'être ce que les poètes *sont*, ce que les penseurs *sont*, ce que les prêtres *sont*, ce que les rois *sont*, reflète un faire [*ein Tun*] créatif et actuel : c'est l'être en tant que tel — l'être vrai et actuel — quelle que soit la vie politico-éthique que l'on vit. En ce sens, ce qui est présupposé, c'est que les poètes seront exactement des poètes, les penseurs exactement des penseurs, les prêtres exactement des prêtres et — par sa cadence, Heidegger souligne ce point tout à fait platonique — ce qui est présupposé, c'est que les rois seront vraiment des rois. C'est en citant les réflexions de Heidegger sur ce que sont les poètes, les penseurs, les prêtres et les rois que nous voyons que l'être véritable a affaire à *l'action* : on les reconnaît dans ce qu'ils *font*. Comme il écrit ici (dans une phrase qui résonnera plus tard dans une histoire assez affreuse (et non seulement à l'occasion de la publication des *Cahiers noirs*) : « Or sont veut dire : emploient la violence, et en tant qu'ils sont situés activement dans la violence, et deviennent éminents dans l'être historial comme des créateurs, des hommes d'action. »[97]

Heidegger veut ici recouvrir Sophocle, tout comme Hobbes d'une manière différente et pourtant semblable avait voulu faire appel à Thucydide et Nietzsche pour sa part avait invoqué Périclès et Solon. Ce sont des hommes qui ont agi et dont l'action (comme Heidegger le soutient en reflétant Sophocle) est violente dans la mesure où elle est efficace.

Par ces références aux actes, on se rappelle que Heidegger écrit dans la *Lettre sur l'humanisme* que « si l'on peut se permettre ce rapprochement, les tragédies de Sophocle abritent plus originellement l'ήθος dans leur dire que les leçons d'Aristote sur l''Éthique' ». (115/350) Et c'est par ceci qu'il commence l'analyse du mot de Héraclite : « ήθος άνθρώπω δαίμων » —

96 Heidegger, *Introduction à la métaphysique*, 159. Cf. *Einführung in die Metaphysik*, Tübingen: Niemeyer, 1976, 117. [Traduction modifiée]

97 Heidegger, *Introduction à la métaphysique*, 159.

« l'homme habite, pour autant qu'il est homme, dans la proximité du dieu. » (116/351)

Lire ceci comme philosophe ou comme théoricien politique nous intrigue tout comme il nous rend mal à l'aise. Nous avons la politique, l'éthique — et nous avons *Gewalt-tätige Gewalt*. Nous avons affaire donc avec la violence à proprement parler. Et tout ceci, surtout dans cette constellation, n'est pas sans problèmes. Donc tandis que nous lisons le *Lettre sur l'humanisme* avec ses multiples invocations du langage de son interlocuteur — Beaufret ayant une formation classiciste, Heidegger lui parle des textes de l'antiquité —, nous trouvons cependant la discussion par Heidegger de l'inquiétant [*unheimlich*] dans son cours sur le poème de Hölderlin, *Das Ister*, où il rappelle le *Heilen* et la malignité. Nous ne pouvons que rencontrer en même temps *das Unheimliche* car *l'occasion* de cette lettre — et toute lettre, tout texte, tout tweet a une occasion — est *précédée* par, tout comme elle a enduré et souffert *durant*, et donc surtout parce qu'elle vient *après* une guerre qui avait enveloppé le monde et l'Allemagne. C'est donc une question de violence et de rage, tout comme le chante Homère dans *l'Iliade*, ce poème grec louant la guerre — « μῆνιν ἄειδε / *Chante le ressentiment ! Singe den Zorn* »[98] — c'est une question d'une violence inquiétante reliée au *Rausch*. C'est une *Befindlichkeit* [affectivité] qui dure et endure et qui se consume d'une manière qui dépasse l'anxiété ou l'ennui. C'est l'étrange qui attire l'attention de Heidegger et ceci bien avant ses réflexions ici : « τα δεινά, το δεινόν. Nous traduisons : *das Unheimliche*, l'inquiétant ...»[99]

---

98 « Chante, Déesse, du Pèlèiade Akhilleus la colère désastreuse,... » dans la traduction de Leconte de Lisle (1818-1894). Eugène Bareste nous donne: « Chante, déesse, le ressentiment d'Achille, fils de Pélée, ressentiment funeste... ». La traduction de 1545 par Hugues Salel invoque « l'Ire pernicieuse ».

99 Heidegger, *Hölderlins Hymne "Der Ister"*, Frankfurt am Main, Klostermann, 1984, §12, 74. Et tout ceci situe et exemplifie les revendications que fait Heidegger à son compte par regard à ce qui est correct du point de vue politique – question que l'on pourrait appeler celui de la traduction. « *Sage mir, was du vom Übersetzen hältst und ich sage dir, wer du bist.* » [Dites-moi comment tu penses de la traduction et je te dirais qui tu es.] (Der *Ister*, §12, 76) Avec regard à sa traduction contentieuse (déjà à son époque) de *deinon* comme *unheimlich*, Heidegger concède « *denn zunächts ist diese*

La situation immédiatement après un immense conflit est le contexte dans lequel un penseur établi — et par toute mesure extraordinaire (on l'appelle souvent le penseur du siècle) — s'adresse, par écrit, à partir du camp perdant à un chercheur tout jeune provenant du camp gagnant. Sans cette guerre, on le suppose, ce jeune penseur n'aurait jamais eu la chance de parler avec Heidegger, encore moins de jouir d'une amitié et d'une correspondance avec lui, une correspondance pratiquement quotidienne où l'on réfléchit non seulement sur les questions philosophiques mais où l'on s'engage aussi dans un papotage académique à propos d'un autre chercheur, Jean-Paul Sartre, qui lui avait écrit son propre grand-livre, *L'être et le néant*, dans lequel il s'était librement servi des textes de Husserl et de Heidegger et qui avait voulu avancer sa propre position dans sa conférence de 1945, *L'existentialisme est un humanisme,* afin d'offrir à un Occident vainqueur une éthique sensée être convenable — et sans justification religieuse.

Dans le sillage de la guerre

La vidéo documentaire de *Das Ister*, tournée en 2004 par les Australiens David Barison et Daniel Ross (quand ils étaient toujours en troisième cycle) nous explique la persistance de la guerre des Balkans. Dans ce film, on peut voir comment la guerre

---

Übersetzung befremdlich, gewaltsam 'philologisch' gesprochen: »falsch ». (74) Heidegger continue ici de poser ici la question des décisions sur la traduction (correctes ou non) comme questions de critères et d'exceptions : « *Wer entscheidet aber und wie enscheident man über die Richtigkeit einer »Übersetzung«? Unsere Kenntnis der Wortbedeutungen einer fremden Sprache »beschaffen« wir uns aus dem »Wörterbuch«. Aber wir vergessen zu leicht, daß die Angaben eines Wörterbuches ja durchgängig auf einer voraufgegehenden Auslegung der sprachlichen Zusammenhänge beruhen müssen, aus denen die einzelnen Worte und Wortverwendungen entnommen sind.* » [Mais qui décide et comment décide-t-on si une traduction est correcte ? Notre connaissance du sens d'un mot nous 'vient' d'un dictionnaire ou livre de mots. Mais nous oublions trop facilement que l'information dans un dictionnaire doit toujours se baser sur une interprétation précédente de contextes linguistiques qui sont eux basés sur une précédente interprétation de contextes linguistiques à partir des quelles les mots particuliers et les usages sont tirés. (*Das Ister*, §12, 74-75)].

résiste : elle le fait non dans les rencontres en vidéo avec les voix de fameux (et pas si fameux) noms — entre autres Bernard Stiegler, Jean-Luc Nancy et l'aujourd'hui défunt Philippe Lacoue-Labarthe — mais dans la vidéo comme document, comme archéo-médiation, phénoménologie-archive. Cette persistance nous apparaît dans les prises de vue des paysages et de la lisière du Danube : de celles-ci il y a beaucoup — presque trois heures : ce n'est pas aussi épique que *Napoléon* (Abel Gance, 1927) ou, mieux, que le *Bronenosets Potyomkin* (le *Panzerkreuzer Potemkin*) d'Eisenstein (1925) — mais tout de même, c'est frappant. Un restant de l'épave de la guerre nous est préservé quand le filme capture une ville dévastée, ville qui aurait bien pu être oubliée. Soyons surs de ceci : on peut facilement s'imaginer qu'on en serait inconscient ou qu'on l'oublierait, car nous nous souvenons tous — ceci *devrait* nous embarrasser — que dans le cours de nos vies nous n'avons prêté que très peu d'attention à la guerre à son début ou même pendant sa durée. Je le sais, car j'étais à Dubrovnik au printemps 1991 (ayant organisé un colloque sur le thème de l'épistémologie postmoderne et la philosophie de la science, thème très à propos à l'époque[100]) et nous avons tous vu dans les villes et les aéroports et le long de la route, des armements, des mitrailleuses du type que nous avons appris à ignorer dans notre âge virtuel du spectacle, comme dans un non-réel extatique, ce non-réel intégré que nous supposons

[100] J'ai dirigé le colloque. Certains presentations, y compris, entre autres, des essais par Alphonso Lingis et Patrick Aidan Heelan, Robert Crease et Ladelle MacWhorter, Charles Harvey et Daniel Rothbart furent publiées par moi-même avec deux collègues, Debra B. Bergoffen and Simon V. Glynn, comme *Continental and Postmodern Perspectives in the Philosophy of Science*, Aldershot, UK, Avebury, 1995. D'un côté, la politique de l'herméneutique était et reste toujours à l'intérieur de la philosophie de la science, quoi que 'hermeneutique' est peut-être insurmontable, voir, par exemple, mon thématisation des soi-disante « pseudo-sciences » dans « Calling Science Pseudoscience : Fleck's Archaeologies, Latour's Biography, and Demarcation or AIDS Denialism, Homeopathy, and Syphilis », *International Studies in the Philosophy of Science*, vol. 29, N°. 1 (2015): 1-39. Mais, et beaucoup plus grave le thème a été d'autre part ponctuée, par ce que Jacques Lacan appelle le réel, dans l'inimaginable couvert irreprésentable de la guerre. Voir aussi dans un contexte beaucoup plus étendu, le livre concernant les ramifications éthiques et juridiques du biopower en temps de guerre, du viol génocidaire, rédigées par Debra B. Bergoffen, *Contesting the Politics of Genocidal Rape*, New York, Routledge, 2013.

être le *résultat* du terrorisme tandis que (et il y a ici un bon mot analogue de Karl Kraus à propos de la psychanalyse) le remède pour le terrorisme engendre effectivement le même terreur qu'il est sensé prévenir (comme nous voyons et vivons à New York pendant la « guerre contre le terreur » depuis le onze septembre 2001).

Sur les quais de métro ou dans les rues, à New York, à Londres, et à Paris surtout après, mais aussi avant, Charlie Hebdo, nous voyons défiler des policiers ou des militaires armés de mitraillettes : sans y penser deux fois. On ne s'imagine pas que nous vivons dans un régime fasciste, même pas avec l'abrégement des supposées libertés américaines par Bush et récemment (pour une seconde fois malheureusement) par Obama. C'est la formule de George Orwell : « War is Peace ». La liberté (qui devient de plus en plus un manque de liberté) se formule comme le « Patriot Act », maintenant le « Freedom Act ». De la même manière, les téléguidés américains poursuivent le « combat pour la liberté » que l'Amérique prétend avancer un peu partout dans le monde, de l'Afrique au Moyen Orient et vers l'Asie à travers le Pakistan. Nous nous demandons seulement si ces téléguidés pourraient nous tuer dans nos propres maisons : nous pourrions être libre jeu avec les cibles du reste du monde.

Où donc est le questionnement dans le sillage de la technologie ?

Questionnons-nous ? Dans le cas des conflits aux Balkans, c'est encore plus difficile d'en parler : tous ces noms sont aussitôt oubliés même quand un documentaire vidéo nous présente un nom inhabituel — l'oubli n'est pas un accident car le nom est tout à fait trop slave — Vukowar. Et ceci nous rappelle seulement la réclamation insistante qui est la question de l'holocauste, fait qui souvent devient pour nous le seul nom pour la tragédie, une horreur exceptionnelle. Ma question ici, pour laquelle je n'ai pas de réponse, est celle de savoir ce qui advient en conséquence d'une telle singularisation de notre attention. Nous devrions demander ce que notre attention à cette unique et solitaire question nous empêche de voir et de reconnaître. Que dire de Novi Sad ou de ces autres noms que nous ne connaissons pas ? Que reste-t-il à dire, que *peut*-on dire, de n'importe quelle « ville anéantie par des bombes » — « any bombed-out town » pour reprendre les mots du poète américain Archibald MacLeish ?[101]

Heidegger semble trop souverain — on ne l'appelle pas « le maître » pour rien. Il y a un lien en surface ici avec Carl Schmitt qui est finalement incorrect : un lien plus profond pourrait nous aider mais je ne peux pas le développer ici.[102] Ce qui est certain avec Heidegger — surtout avec quelqu'un qui a été appelé le penseur du siècle — c'est qu'il ne dit pas assez. Il se sert seulement du mot humain-trop-humain de "honte", ce qui trahit non seulement sa honte mais la nôtre : une confession de la vulnérabilité du corps — sa "fourrure humide" congelée comme l'a dit le poète de guerre Randall Jarrell en 1945.[103]

En dirigeant notre attention vers l'inconvénient philosophique que présente le corps, Nietzsche s'est moqué d'Aristote comme du reste de l'antiquité (« il ose prétendre qu'il a une véritable existence », le corps.) [104] Dans ses mots : « C'est la partie de son corps qui est en-dessous de la ceinture *Unterleib*] qui fait que l'homme ne se prend pas si facilement pour un dieu. » (PDBM, §141)

---

101 Je fais référence à la pièce d'Archibald MacLeish, *J.B.* [1958].

102 Voyez encore sur ceci Strong, *Politics Without Vision*, dans son chapitre "Carl Schmitt and the Exceptional Sovereign" (218-262).

103 « Du sommeil de ma mère, je suis tombé dans l'État, / Et je me suis replié dans son ventre jusqu'au moment / où ma fourrure humide gela. / À six milles de la terre, libéré de son rêve de vie, / Je m'éveillai au son du lugubre tir anti-aérien et des / chasseurs de cauchemar. / Quand je mourus, une lance d'arrosage débarrassa la tourelle de moi ». [*From my mother's sleep I fell into the State, / And I hunched in its belly till my wet fur froze. / Six miles from earth, loosed from its dream of life, / I woke to black flak and the nightmare fighters. / When I died they washed me out of the turret with a hose.* — Randall Jarrell, *The Death of the Ball-Turret Gunner*]

104 Il est vrai que les anciens n'ont jamais désavoué leur propre condamnation d'Héraclite, le philosophe 'obscur', enterrant même ses sentiments dans la même bouse de vache dans laquelle il fut emmuré à l'heure de sa mort. Pour amplifier l'origine de cette historie qu'on trouve chez Diogène Laërtius (le sujet de l'expertise particulier de Nietzsche), voir aussi Marc Aurèle qui mentionne Héraclite dans ses *Pensées pour moi-même*, livre IV.

La honte fut le mot énigmatique employé par Heidegger : c'est Jaspers qui nous le raconte[105] et si cela nous dit quelque chose, cela ne nous dit pas assez car ce n'est pas le mot que nous voulons. La seule chose que nous voudrions de Heidegger serait une confession, pure et simple : « coupable. » [106] Le silence de Heidegger, comme l'a noté son admirateur parisien, Jacques Lacan, est trop souverain : c'est le silence du maître.

Cette question philosophique concernant Heidegger revient constamment nous importuner : elle est posée par Schneeburger, Farias, Faye,[107] mais aussi par Eliazabeth Hirsch, Herbert Marcuse et maintenant par Peter Trawny et, encore plus récemment, sur le côté gauche du spectre politique par Bruno Gulli et d'autres.

Ce fait doit signifier que quelque chose en nous demande si Heidegger nous parle (ou ne nous parle pas) de notre sens du politique, sens lui-même déjà très politisé ?

Le langage parle. Donc là où Heidegger invoquc la simplicité — « Cela seul que voudrait atteindre la pensée qui cherche à s'exprimer pour la première fois dans *Sein und Zeit* est quelque

---

[105] Je discute la honte de Heidegger et le contraste avec la culpabilité en relation avec son contexte d'origine (dans la correspondance avec Karl Jaspers), tout comme dans sa relation avec Hannah Arendt. Voir Babich, "Jaspers, Heidegger, and Arendt: On Politics, Science, and Communication," *Existence*, Vol. 4, Nr. 1 (2009): 1-19. Cf. Babich, "Daniel Maier-Katkin, *Stranger from Abroad: Hannah Arendt, Martin Heidegger, Friendship and Forgiveness*, (NY: Norton, 2010)," *Shofar: An Interdisciplinary Journal of Jewish Studies*, Vol. 29, Nr. 4 (2011): 189-191.

[106] Il existe un va-et-vient étendu dans le débat sur ce sujet et je ne m'attends pas qu'il soit clos, car de tels débats se renouvellent sans fin. Je cite une partie des interventions sur ce sujet dans le dernier chapitre de Babich, *Word in Blood, Like Flowers.* Voir aussi le livre de Charles Bambach, *Heidegger, Dilthey, and the Crisis of Historicism (*1995) et, pour une discussion impressionnante contemporaine, Holger Zaborowski, *"Eine Frage von Irre und Schuld?" Martin Heidegger und der Nationalsozialismus*, Frankfurt a/M, Fischer, 2010.

[107] Guido Schneeberger, *Nachlese zu Heidegger: Dokumente zu seinem Leben und Denken* Bern, Suhr, 1962, Victor Farías, *Heidegger and Nazism*, Temple University Press, 1989, Emmanuel Faye, Heidegger, *l'introduction du nazisme dans la philosophie*, Paris: Albin Michel, 2005. L'édition récente par Peter Trawny des « Cahiers noirs » a offert une nouvelle vie à ces débats.

chose de simple »[108] — il cherche seulement à s'adresser à l'Être : « En tant que cela même, l'Être reste mystérieux, la proximité nue d'une puissance non contraignante. Cette proximité déploie son essence comme le langage lui-même. »[109] Mais ce qu'il est important de noter ici quand on a affaire au langage et à la proximité est que la réflexion de Heidegger sur le langage et la proximité nous offre aussi un de ses rares et inquiétants aperçus du *son* (toujours pour lui une question de présence, relation, espace et temps). Il écrit :

> Toutefois n'est point seulement langage au sens où nous le représentons, c'est-à-dire au mieux comme unité de trois éléments : structure phonétique (graphisme), mélodie et rythme, signification (sens). Nous voyons, dans la structure phonétique et le graphisme, le corps du mot ; dans la mélodie et le rythme, l'âme ; dans la valeur signifiante, l'esprit du langage.[110] (212-213/330)

Soutenir que le langage est la maison de l'être nous alloue tout — sauf ce qui est libre ou assuré. « Tout dépend ici de l'appropriation, de l'assignation ; et cela veut dire qu'ici, comme partout ailleurs, notre langage est périlleux : le langage nous échappe, le mot échoue. »[111] C'est plutôt le cas que — et ici nous revenons à l'insurrection du technique étant donné la domination dans nos jours de la technologie (aucun accident que nous avons ici une des premières indications du « déclin » de penser), nous sommes de plus en plus confrontés par l'insurrection des média eux-mêmes comme instruments de contrôle. Ceci revient à dire que nous sommes soumis à la direction des vues et croyances populaires, comme aussi par les possibilités (et leur manque) pour l'action ou engagment

---

108 Heidegger, *Lettre sur l'humanisme*, p. 90.

109 Ibid.

110 Ibid., p. 90-91.

111 Pour une discussion qui prend compte de ce que Heidegger écrit sur le langage et la poésie, ainsi que d'autres références, voir Babich, *Words in Blood, Like Flowers*, p. 3-18.

politique. Heidegger écrit donc à propos du langage comme technologie moderne, c'est à dire comme médias modernes :[112]

> Le langage se livre bien plutôt à notre pur vouloir et à notre activité comme un instrument de domination sur l'étant. [*Dans les conférences de Bremen – que nous connaissons sous le titre de* La question sur la technique — *Heidegger invoque le filme et les actualités comme moyens effectifs pour cet espèce de contrôle*]. Celui-ci apparaît lui-même comme le réel dans le tissu des causes et des effets. Nous abordons l'étant conçu comme le réel par le biais du calcul et de l'action, mais aussi par celui d'une science et d'une philosophie qui procèdent par explications et motivations. (199/316)[113]

Heidegger ajoute ici un point qui pour moi est indispensable pour la compréhension des *Beiträge* comme aussi pour celle des recémment publiés Cahiers noirs, au moins dans la mesure que ces œuvres comprennent des réflections sur la technologie et les médias: " Sans doute maintient-on que ces dernières laissent une part d'inexplicable. [*Zu diesen gehört auch die Versicherung, etwas sei unerklärlich*] Et l'on croit, avec de tels énoncés, être en présence du mystère."[114] Comme il écrit plus tard dans la *Lettre sur l'humanisme,* « À cet établissement du lien éthique nous devons donner tous nos soins, en un temps où il n'est possible à l'homme de la technique, voué à l'être-collectif, d'atteindre encore à une stabilité assurée qu'en regroupant et ordonnant l'ensemble de ses plans et de son agir conformément à cette technique. » Comme il continue: « Comment ignorer cette détresse? » [115]

Je crois que nous devons étendre son parallèle — cela peut paraître comme sans importance mais des penseurs aussi diverses que Jacques Ellul comme aussi Paul Virilio, Jean

---

112 Heidegger, *Lettre sur l'humanisme*, p. 72. Voir ici Babich, « Heidegger on Technology and *Gelassenheit: wabi-sabi* and the Art of *Verfallenheit* », *AI & SOCIETY, Journal of Knowledge, Culture and Communication* (25 Août 2015): 1-10.

113 Ibid., p. 74.

114 Ibid.

115 Ibid., p. 114.

Baudrillard, Günther Anders et Ivan Illich ont aussi soutenu l'importance d'un tel parallèle ; ce même parallèle est au cœur de mon analyse dans *The Hallelujah Effect*[116]—, à l'email et au texting, c'est-à-dire prendre en compte notre dépendance vis-à-vis de nos portables et d'internet, comme aussi Facebook et Twitter. Heidegger note dans son cours sur l'*Ister :*

> Nous n'avons qu'à citer l'avion et la radio pour voir immédiatement qu'ils sont non seulement tous les deux des dispositif-machines qui font partie de la science naturelle moderne, mais qu'ils déterminent le cours de la plus récente histoire de l'époque moderne. Car ce n'est pas du tout le cas que nous avons ici les mêmes processus qui autrefois furent introduits et réglés par le facteur rural et le wagon-poste et qui seraient aujourd'hui achevés par d'autres moyens. C'est plutôt que l'avion et la radio déterminent *intrinsèquement*, c'est-à-dire au terme de leur essence comme machine et dans les termes de la *portée extensive* de leur essence, la liberté d'action pour les possibilités qui puissent être planifiés et accomplis dans leur actualisation [*für dessen Wirken*] par la volonté de l'humain.[117]

Ces choses ne sont pas pour Heidegger « le même » et il soutiendra que nous n'avons pas besoin d'un remède technologique.

Il nous demande plutôt autre chose.

Cette autre chose, comme je le soutiens ailleurs, nous amène, dans un écho, direct ou non, au *nur* — le 'seulement' —

---

116 Je fais allusion à ces chercheurs (parmi d'autres, comme les chanteurs Leonard Cohen et k.d. lang et Nina Simone et Joan Baez, en plus si bien, et pour être sûr, aux questions assez plus compliquées du désir comme tel, en particulier du désir féminin quand il porte sur la capacité des femmes à désirer les hommes) dans Babich, *The Hallelujah Effect: Philosophical Reflections on Music, Performance Practice and Technology*, Surrey, Ashgate, 2013. Voir aussi pour un résumé d'autres références Babich, « On *The Hallelujah Effect*: Priming Consumers, Recording Music, and The Spirit of Tragedy », *Proceedings of the Society for Phenomenology and Media,* San Diego, National University Press, 2015, p. 1-12 et aussi, Babich, « Adorno's Radio Phenomenology: Technical Reproduction, Physiognomy, and Music », *Philosophy & Social Criticism*, vol. 40, N°. 10 (Oct. 2014): 957-996.

117 Heidegger, *Hölderlins Hymne » Der Ister «*, 53 (ma traduction).

d'Adorno, à la seule 'seulitude' des choses. Ceci est bien la pensée de Heidegger, mais nous faisons écho ici aussi à Levinas ou à Celan : c'est la moindre des 'choses' indigentes. C'est ici que Heidegger s'approche le plus de nous offrir un programme d'action pour un âge de technologie « dans la souplesse de ce qui est petit [*im Geringen*] »[118] — programme hautement inadéquat comme le soutient le théoricien politique George Kateb[119] tout comme aussi Tom Sheehan, Emmanuel Faye, Richard Wolin et les autres.

Quand Heidegger s'adresse au cœur de l'accusation de nihilisme, il soutient que « ce n'est qu'à partir de la vérité de l'Être que se laisse penser l'essence du sacré » et suggère que l'on doit, au-delà de la logique, écouter le langage dans un mode qui répondrait à la mélodie, l'intervalle, à l'esprit du mot. En ce sens, Heidegger suit la recollection faite par Nietzsche du grammairien stoïque Sénèque qui recommande que la philosophie devienne philologie.[120]

Si on se rappelle de la formulation platoniste-aristotélicienne de cette injonction, comme nous l'avons tracé dans le cours de 1935, ce qui en suit est que l'on doit être *vraiment* philologue ou grammairien. Comme chez Nietzsche (et ici nous devrions nous rappeler que ceci est la culmination de sa conférence inaugurale à Bâle sur *Homer und die klassische Philologie*), et comme Gadamer l'a une fois dit, il n'y a pas de différence en soi entre les deux, philosophe et philologue, sauf que l'un d'eux ne fait pas le travail propre à son entreprise. C'est seulement à partir de ceci que Heidegger peut poser la double question, critique et en cadence, en réfléchissant que pour commencer, que « ce n'est que dans la lumière de l'essence de la divinité que peut être pensé et dit ce que doit nommer le mot 'Dieu' ». « Or » —

---

118 Heidegger, « La question de la technique », dans *Essais et Conférences*, trad. par André Préau, Paris, Gallimard, 1958, p. 45. « Die Frage nach der Technik », dans: *Vorträge und Aufsätze*, Pfullingen, Neske, 1978, p. 37.

119 Voir George Kateb, « Thinking about Extinction, I : Heidegger and Nietzsche, » *Raritan* 2 (Fall, 1986), p. 1-28.

120 Nietzsche, « Homer und die klassische Philologie », *Werke in drei Bänden*, München, WBG, 1954, vol. 3, p. 154-174.

comme il continue (et l'on se souvient que les Allemands — qu'ils soient alémaniques, du Badensee, ou bien souabes — *Schwaben* — comme Hölderlin et Hegel) — aiment ce mot *or [Oder]*) —

> Or ne nous faut-il pas d'abord comprendre avec soin et pouvoir entendre tous ces mots, si nous voulons être en mesure en tant qu'hommes, c'est-à-dire en tant qu'êtres ek-sistants, d'expérimenter une relation du dieu à l'homme? Comment l'homme de l'histoire présente du monde peut-il seulement se demander avec sérieux et rigueur si le dieu s'approche ou s'il se retire, quand cet homme omet d'engager d'abord sa pensée dans la dimension en laquelle seule cette question peut être posée ? (112/348)

Penser « dans la dimension en laquelle seule cette question peut être posée ? » n'est rien d'autre qu'essayer de penser la dimension « du sacré ». Cette tentative de penser le sacré correspond à l'actualité double que Heidegger se donne toujours la peine de tracer, car c'est aussi la dimension de sa question de « la vérité de l'être », question qu'il est constamment contraint de soulever car elle est oubliée, elle se retire, elle est close comme dimension « tant que l'ouvert de l'Être n'est pas éclaircie et n'est pas proche de l'homme dans son éclaircie » (*ibid.*), C'est précisément dans ce contexte qu'il réfléchit — matière décisive car elle résonne dans tout son travail subséquent. « Peut-être le trait dominant de cet âge du monde consiste-t-il dans la fermeture de la dimension de l'indemne [*des Heilen*]. Peut-être est-ce là l'unique dam [*Unheil*] ». (*Ibid.*)

Quand *Heilen* est saisi et interdit, l'*Unheil* est lié avec ce qui nous est clôturé. 'Heilen' n'est pas ici pour Heidegger 'die Sakrale' et non plus 'die Heiligkeit', mais plutôt la santé pleine, l'intégrale, ou le 'débrisé'. Cette distinction nous est plus importante que toute la théologie du monde quand et si nous parlons, comme le fait clairement Heidegger, d'une époque mondiale définie qui fait suite à deux guerres et aux souffrances de plus d'un peuple. La santé pleine — ce qui est entière — est ce qui fut brisée, scindée, fracturée par la guerre et ses conséquences, conséquences qui dans le cas de l'Allemagne continueront tard dans le vingtième siècle : certains diront qu'ils sont encore avec nous. Et donc : que *Heilen* persiste est ce dont nous avons besoin.

Dans « la question de la technique », Heidegger tracera une figure hölderlinienne de la tragédie et du conflit, une appréhension fortement enchantante pour Hölderlin même si nous sommes loin de le considérer comme un penseur romantique quand il nous offre une réflexion héraclitéenne sur l'harmonie et l'opposition ou la tension. En considérant les amants et les disputes entre amants, Hölderlin souligne que la réconciliation a lieu précisément *dans* le conflit — *Versöhnung ist mitten im Streit und alles Getrennte findet sich wieder*.

Ce qui est en variance avec soi-même est en agrément avec soi-même ; là où règne le danger, le pouvoir sauveur prévaut et se déplie. Dans ces mots, tout parle du haut pathos de la métaphysique et de l'ultime rédemption. Le geste de Heidegger cherche à réconcilier cette tension avec le quotidien — le « ici, maintenant » — ce même présent qui est aussi l'*or* de Goethe et donc, comme Pierre Hadot nous l'avait rappelé, c'est seulement le présent, le maintenant, qui reste pour nous qui nous trouvons dans une histoire mondiale donnée notre seule possibilité pour le bonheur, le bien-être — Nietzsche parle de convalescence.

Pour Heidegger, ceci sera trouvé, si tout était trouvé, dans les mots que nous ont recommandés les commentateurs sur ceux qui ont beaucoup appris de Heidegger sur l'éthique. Je répète : c'est dans 'ce qui est petit' : *im Geringen ;* le 'nur' d'Adorno. Ces mots levinassiens - ce très petit, presque rien — nous devrions l'entendre maintes fois afin de l'entendre pour la première fois, chez Critchley, chez Bernasconi (quoi que plus *piano*) et chez beaucoup d'autres : Heidegger trace le *Gering* de Hölderlin et Rilke à George et Trakl.

J'ai essayé de formuler les questions de la *Lettre sur l'humanisme* afin que nous entendions ces questions (de l'humanisme et de l'inhumanisme, de l'athéisme et du théisme, des supposés dangers du nihilisme et de l'irrationalisme) comme des questions ayant rapport avec la possibilité d'une éthique possible qui adviendrait non seulement comme une manière de penser mais en tant qu'une manière d'être. Comme Heidegger le fait observer (et comme Nietzsche l'avait fait avant lui), le danger ici reste tout entier dans *notre* humanisme qui, lui, relève de *notre* condition. C'est à propos de ce problème que, plusieurs années plus tard, Heidegger citera et corrigera légèrement Heisenberg, nous rappelant que loin d'être une insurrection de l'humain, le fait que « partout l'homme ne rencontre plus que lui-même », est une retraite, un effacement de l'humain de ce qu'il avait signifié dans le carré tracé entre terre et ciel, mortel et divin.

Nous continuons à ne pas penser cette pensée et nos éthiques continuent à être absorbées par la question de notre dignité propre, inévitablement anthropocentrique. Pour ceux qui le veulent, on pourrait, dans le cadre de la terre et du ciel de Heidegger, comprendre les réflexions analytiques et les très réelles réflexions sur la terre « profonde » qui caractérisent la pensée et l'écologie-éthique d'un Arne Naess ou même l'éthique terrestre d'un Aldo Leopold. Cependant, la simple introduction d'un préfixe — geo- ou bio- — à notre éthique démontre que nous restons dans notre éthique anthropocentrique traditionnelle et que nous n'adressons pas les problèmes que Heidegger nous pose.

En ceci, l'humanisme, comme le nationalisme et le subjectivisme, reste le problème. En ce sens, c'est nous, nous-mêmes, qui bloquons l'accès au problème de l'être et à tout logement éthique sur cette planète.

Ce qui est en jeu depuis le début de la réponse qu'a fait Heidegger à Beaufret est la question compliquée de l'humain, entendue par lui avec référence à la dignité kantienne, à la *Würde,* cette *Würde* que nous savons que Kant avait mise au-dessus et au-delà de tout prix. La réflexion de Heidegger nous rappelle que distinguer la valeur de cette manière est inévitablement toujours une manière d'évaluer.[121]

Cet aperçu de Heidegger est une continuation d'une invocation moqueuse de notre dévouement à « l'or du petit commerçant »[122] et même à « l'or plus haut de l'esprit » — car le bon chrétien cherche toujours à être bien payé.[123] Heidegger encapsule ce point très nietzschéen comme ceci :

> Ici, dans une lettre envoyée à un adversaire mais toute fois amicale, Heidegger écrit à propos de l'anéantissement du néant : « Le néantisant dans l'Être est l'essence de ce que j'appelle le Rien. C'est pourquoi la pensée, parce qu'elle pense-l'Être, pense le Rien. Seul l'Être accorde à l'indemne son lever dans la grâce et à la fureur son élan vers la ruine ». (123/357)[124]

Ces mots conclusifs nous enjoignent de prêter attention à ce dont on aurait besoin pour lire non les mots, mais la lettre elle-même et donc l'esprit du chant allemand — ce fut la dernière observance de Hölderlin. Là où les chercheurs littéraires tracent

---

121 Beaucoup écrivent sur ce sujet. Je recommande en particulier Jacques Taminiaux qui apporte à sa philosophie une formation en droit. Voir (en anglais) avec référence spécifique à Heidegger et Nietzsche: Taminiaux, « On Heidegger's Interpretation of the Will To Power as Art », *New Nietzsche Studies*, Vol. 3, Nos. 1 et 2 (1999): 1-22. Voir aussi: Babich, « On Connivance, Nihilism, and Value », *New Nietzsche Studies*, Vol. 3, N°. 1 and 2 (1999): 23-52. Robert Sinnerbrink discute l'analyse de Taminiaux dans un contexte esthétique dans son « Heidegger and Nietzsche on the « End of Art » in Babich, Denker, and Zaborowski (éds), *Heidegger and Nietzsche*, Amsterdam: Rodopi, 2012, p. 417-428.

122 Comme ci-dessus, le mot de Nietzsche est « *Krämer-Gold* ». Cf. Z III *Von alten und neuen Tafeln*, §21.

123 Cf. Nietzsche : GS, PdBM, GM.

124 Cette impasse est périlleuse et il n'y a pas d'autre chemin. C'est la raison pour laquelle Reiner Schürmann l'avait toujours appelée une impasse. Ce sont ces restants résistants qui restent à être pensé. Pour sa part, Schürmann chercha à les penser sans les congédier hors des bornes, au-delà de toute considération : ce qui doit être condamné c'est le jugement *ad hominem* de Ryle qui reste cependant jusqu'à nos jours très au courant : « Heidegger ? pas un homme bon » (et donc un mauvais philosophe). Je discute ceci (et je recommande les autres contributions à cette collection) dans « Schürmann's Broken Hegemonies: The Cracks in Heidegger's *Contributions* and Meister Eckhart's Alchemy » dans Vishwa Adluri (éd), *On Reiner Schürmann*, Evanston: Northwestern University Press, 2016, à paraître.

les prescriptions du « feste Buchstab »,[125] j'entends une attention au *melos* du « deutscher Gesang » comme cela résonne à la fin de l'hymne *Patmos* de Hölderlin, poème qui accompagna Heidegger jusqu'à la fin de sa vie :

> *Nah ist*
> *Und schwer zu fassen der Gott.*

Nous savons ce que ces vers signifient au poète car nous avons appris de Heidegger a réfléchir sur les ombres au début de ce poème, poème dont le titre désigne une île consacrée à l'apôtre du mot, du *logos*. Nous connaissons la suite non seulement de Hölderlin mais aussi de Heidegger :

> *Wo aber Gefahr ist, wächst*
> *Das Rettende auch.*

Et j'entends le reste du poème :

> *Der feste Buchstab, und Bestehendes gut*
> *Gedeutet. Dem folgt deutscher Gesang.*

Quelle que soit la manière dans laquelle nous lisons ces mots, que nous prêtions notre attention au « feste Buchstab » ou à l'appel du poète au chant, le point ultime de Heidegger reste révolutionnaire.[126] J'ai donc essayé de ranger Heidegger du côté du fantasme de l'action politique civique, le fantasme de révolution qui veut occuper Wall Street, qui, comme fantasme, reste l'ultime provocation pour la vie, la provocation de changer le monde, tout comme Marx avait annoncé.

---

125 Je fais référence ici aux contributions à la collection éditée par Aristote Fioretos, *The Solid Letter: Readings of Friedrich Hölderlin*, Stanford, Stanford University Press, 2000.

126 Et quand je dis ceci, je ne fais pas référence à sa revendication allusive que « Sprache ist so die Sprache des Seins, wie die Wolken die Wolken des Himmels sind » mais bien plutôt à « das Denken legt mit seinem Sagen unscheinbare Furchen in die Sprache ».

Post-scriptum non-conclusif (et bien marxisant)

À la fin d'un texte, à la fin d'une conférence, c'est vrai pour nous, vrai pour Heidegger : on *commence*, on *peut* commencer à lire, à parler. Nous nous rappelons des références à Marx dans sa lettre, de ses références au dialogue de Sartre avec Marx, mais aussi aux sans-abris — ce qui rend ses références plus pragmatiques et moins académiques. Une référence clé est articulée par sa stratégie typique de lire les autres à travers leurs revendications. Il résume dans des termes husserliens, hégéliens, et en effet heideggériens la trajectoire que nous avons suivie à la *Versöhnung* des amants de Hölderlin dans sa description du retour réciproque de l'un à l'autre :

> La métaphysique absolue, avec les renversements que lui ont fait subir Marx et Nietzsche, appartient à l'histoire de la vérité de l'Être. Ce qui procède d'elle ne saurait être abordé et encore moins éliminé par des réfutations. On ne peut que l'accueillir en tant que sa vérité, ramenée plus originellement à l'Être lui-même, est celée en lui et soustraite à la sphère d'une opinion purement humaine. Dans le champ de la pensée essentielle toute réfutation est un non-sens. La lutte entre les penseurs est la « lutte amoureuse » qui est celle de la chose même. Elle les aide mutuellement à atteindre l'appartenance simple au même, en quoi ils trouvent la conformité à leur destin dans le destin de l'Être. (94/331-332)

Pour Heidegger, ce dont on a besoin est une rencontre philosophique avec le marxisme à un âge où « l'absence de patrie devient un destin mondial » (99/336) — et où, nous notons encore pour une nouvelle fois, ce à quoi les images de Gaza durant l'été de 2014 nous confrontent. Quoi qu'elle pourrait aussi être, la lettre de Heidegger sur l'humanisme est une lettre d'après-guerre, écrite à partir de et dans les cendres de la Deuième Guerre.

Tout : et je ne parle pas seulement des ponts et des maisons ; *tout* est brisé.

Le “danger” [*die Gefahr*] entre l’“*Amerikanismus*” et le “*Kommunismus*” doit être pensé en des termes qui se relèvent de tout nationalisme: « Tout nationalisme est, sur le plan métaphysique, un anthropologisme et comme tel un subjectivisme ».[127] Cette revendication comprend même le langage apparemment mystique du « Geschick »[128] — elle est déjà en vogue et Heidegger revient à l’idée de la science moderne comme signifiant « la fin de la philosophie » et « sa dissolution totale dans les sciences, l’unité desquels se dévoile pareillement dans la cybernétique. »[129] En ce sens, le « *Gefahr* » nous l’entraînons *et* il nous entraîne sur chenilles, comme Heidegger avait l’habitude d’appeler la pensée et la science comme ayant qu’un « sens unique » — et c’est si dangereux parce qu’on ne peut pas le contrer directement.

Nous sommes retournés au peu, au presque rien, aux petites choses : et dans chaque cas nous risquons une confrontation avec nos propres suppositions, nos convictions, nos « préjugés » comme dit Nietzsche. Quand tout ce qui était « solide » dans le sens de l’ordre, de la sécurité ou des valeurs (comme Nietzsche en parlait) a été oblitéré par deux terribles guerres entre les nations, Heidegger insiste sur le fait que « c’est pourquoi le fait de ‘philosopher’ sur l’échec est séparé par un abîme d’une pensée qui elle-même échoue. » Heidegger continue : « Si un homme avait l’heur d’accéder à une telle pensée, il n’y aurait là nul malheur. À cet homme serait fait l’unique don qui puisse venir de l’Être à la pensée » (103/340). Cela nous est encore peut-être possible mais seulement si nous nous permettons, comme dit Heidegger, de risquer ou de permettre ce brisement dans notre propre pensée en écoutant son appel hermétique et sensible pour

---

127 Ibid., p. 100. « Le collectivisme est la subjectivité de l’homme sur le plan de la totalité. Il accomplit la propre affirmation inconditionnée [*unbedingte Selbstbehauptung*] de cette subjectivité ». (101)

128 « La technique est dans son essence un destin historico-ontologique de la vérité de l’Être en tant qu’elle repose dans l’oubli ». (99/337)

129 « Der Rückfall des Denkens in die Metaphysik nimmt eine neue Form an: Es ist das Ende der Philosophie im Sinne der vollstandigenAuflosung in die Wissenschaften, deren Einheit sich gleichfalls neu in der Kybernetik entfaltet ». (NB: première édition, 1949).

une révolution : « Tel est bien ce qu'il nous faut dans la pénurie actuelle du monde: moins de philosophie et plus d'attention à la pensée ; moins de littérature et plus de soin donné à la lettre comme telle. »[130]

[130] [*Nötigist in der jetzigen Weltnot: weniger Philosophie, aber mehr Achtsamkeit des Denkens; weniger Literatur, aber mehr Pflege des Buchstabens.*] (127/360)

Fig. 7. Dominique Janicaud (14 novembre 1937 – 18 août 2002)
Meeting of Contemporary European Philosophy, Urbino, Italy, 1997. Photographie: Babette Babich.

Heidegger et ses juifs

Babette Babich

Vendredi 23 janvier 2015, 9h30 – 11h00
Bibliothèque nationale de France
Petit Auditorium, Site François Mitterrand
Quai François Mauriac, Paris XIIIe

Présentation du Colloque: Pourquoi Heidegger et « les juifs » ?
Gérard Bensussan, Joseph Cohen, Hadrien Laroche, Raphael Zagury-Orly

Président de séance : Gérard Bensussan
Babette Babich : ***Heidegger et ses Juifs***

Heidegger et ses juifs

Ce qui est grand commence grand, ne se maintient dans sa persistance que par un libre retour de la grandeur, et, si c'est grand, finit aussi dans la grandeur. Il en est ainsi de la philosophie des Grecs. Elle a fini dans la grandeur avec Aristote. Seul le sens commun et l'homme médiocre s'imaginent que ce qui est grand devrait durer indéfiniment, et en outre identifient cette durée avec l'éternel.

— Heidegger, *Introduction à la métaphysique*

L'influence dans l'histoire et le jeu des noms propres: qui compte, qui ne compte pas.

Il était une fois un monde où l'on pouvait supposer que Heidegger avait un jugement sur pratiquement chaque philosophe, depuis les présocratiques jusqu'à Platon et Aristote, tout comme sur Plotin, Augustin, Duns Scot, aussi bien que sur saint Thomas d'Aquin, Descartes, Leibniz et Kant. Heidegger était alors naturellement lu avec Hegel, Kierkegaard et même Marx. Et, quoique certains nietzschéens s'en trouvaient irrités, la lecture que faisait Heidegger de Nietzsche faisait partie de cet Heidegger-ci, tout comme son survol de Dilthey, Max Weber, et bien d'autres — aussi comme celui avec ses maîtres, surtout Husserl.

En ce temps-là, le Heidegger historien de la philosophie n'était qu'une partie du tout : Heidegger soutenait toujours qu'il ne cherchait qu'à poursuivre et *vraiment* poser la seule question de l'être, la fameuse *Seinsfrage*. Aujourd'hui cependant, chacun de ces deux Heidegger (comme historien herméneutique et phénoménologique de la philosophie et surtout comme philosophe de l'être) paraît avoir été, et pour toujours, démoli.

Depuis la publication des *Cahiers noirs*, il semblerait que Heidegger se soit uniquement soucié de réfléchir sur les Juifs et seulement sur les Juifs, en particulier sur ce que Peter Trawny nomme le *seingeschichtliche Anti-Semitismus*, ce qui serait maintenant la préoccupation inéliminable de Heidegger, une obsession avec le *Weltjudentum*, avec la Juiverie mondiale. Et dans ceci, au moins de l'avis de son traducteur, François Vézin, Heidegger se révèle avoir été trop partiel dans les noms qu'il cite dans l'histoire de la philosophie, en particulier parmi ses contemporains et ses étudiants.

Vézin, le traducteur le plus récent d'*Être et temps*, nous signale que Heidegger n'avait pas lu (ou, plus exactement, n'a donné aucune preuve d'avoir lu) des auteurs Juifs (parmi lesquels seront ceux que nous nommerons « les Juifs *de* Heidegger) : « a-t-il jamais examiné *L'étoile de la rédemption (Der Stern der Erlösung)* de F. Rosenzweig »? Pour Vézin, ceci est, comme il nous a informée par Internet l'été dernier,[131] une défaillance bien évidente et gravement signifiante :

> C'est un fait, Heidegger « ignore » les Juifs. Il ignore non seulement Moses Mendelssohn ou Max Liebermann mais il « ignore » que six millions d'entre eux ont été assassinés de façon atroce.[132]

Heidegger ignore aussi, affirme Vézin, d'autres noms : ici les noms fameux de « Kafka, de Chagall ou de Gershom Scholem. On pouvait parler avec lui de Beckenbauer mais pas d'Edith Stein. »[133]

---

[131] François Vézin, « L'étendue du désastre », 8 août 2014. Nous le citons pour éviter toute confusion à propos de son orientation sur cette question.

[132] *Ibid.*

[133] *Ibid.*

Qui « parle » d'Edith Stein ?[134] Eh bien, et en fait, relativement beaucoup de gens, y compris le philosophe de naissance irlandaise, Alasdair MacIntyre, et ceci depuis un certain temps.[135] Vézin ajoute un autre nom et une autre espèce d'inattention : « Heidegger a-t-il jamais su que Hannah Arendt a consacré une étude approfondie au cas d'Adolf Eichmann ? »[136] C'est une question importante et normalement ignorée par tous les heideggériens, même les heideggériens qui s'intéressent à la question du politique — nous faisons ici explicitement exception de Jacques Taminiaux, comme, bien sûr, de Reiner Schürmann.

En plus, tout le monde néglige de parler d'une autre étudiante de Heidegger à Marbourg et à Fribourg, — Elizabeth Feist Hirsch (je l'ai mentionée ci-dessus et j'aurai l'occasion de parler d'elle plus tard) — et Vézin, lui-même, ne dit aussi rien de Günther Stern — mieux connu aujourd'hui sous le nom de Günther Anders — qui étudia avec Heidegger entre 1921 et

---

[134] Plusieurs de nos amis écrivent sur Stein. Nous sommes particulièrement reconnaissante à Anthony Calcagno qui nous a récemment envoyé un email émouvant sur Stein et le manque d'attention à ses œuvres. Voir ici Antonio Calcagno, *The Philosophy of Edith Stein*, Pittsburgh, Duquesne University Press, 2007. Voir aussi: Sylvie Courtine-Denamy, *Trois femmes dans de sombres temps : Edith Stein, Hannah Arendt, Simone Weil ou Amor fati, amor mundi*, Paris, Librairie générale française, 2004 avec aussi ses contributions à Marie-Jean de Gennes (éd.), *Une Femme pour l'Europe : Edith Stein (1891-1942) : Actes du colloque international de Toulouse (4-5 mars 2005)*, Paris, Cerf, 2009. Voir aussi avec l'accent sur son mysticisme, Joachim Boufflet, *Edith Stein, philosophe crucifiée,* Paris, Presses de la Renaissance,1997, et plus récemment, Philibert Secretan, *Edith Stein : À la recherche d'un visage perdu*, Saulges, Ad Solem, 2014. Pour ses œuvres propres, voir par exemple *Phénoménologie et philosophie chrétienne*, Paris, Cerf, 1987.

[135] Voir ici Alasdair MacIntyre, *Edith Stein: A Philosophical Prologue*, Londres, Bloomsbury, 2007, et plus spécifiquement, Cordula Haderlein, *Individuelles Mensch-Sein in Freiheit und Verantwortung: die Bildungs idee Edith Steins*, Bamberg, University of Bamberg Press, 2009, aussi bien que Hans Rainer Sepp, « Edith Steins Stellung innerhalb der phänomenologische Bewegung », *Edith Stein Jahrbuch*, 1998, pp. 495-509. Si en fin de compte Heidegger n'a pas soutenu Stein, ceci est en accord, on peut dire, avec son effort de maintenir son travail à distance d'une colligation avec l'anthropologie, En ceci, il se séparait de Stein, étudiante de Husserl. Ceci l'amènera à se distancer de Jaspers et des autres représentants de la *Lebensphilosophie*, précisément donc de ce que Stein voulait avancer. Le travail de Stein continue dans la direction de Max Scheler bien plus que le fit Heidegger et elle suivit un autre chemin, un qui l'aurait amenée plus près d'Eugen Fink.

[136] François Vézin, « L'étendue du désastre », 8 août 2014.

1924.[137] On pourrait bien dire que Günther Anders nous est plus fameux pour avoir été un mari divorcé, le premier époux de Hannah Arendt (quand il était aussi beau qu'elle), que pour sa critique heideggérienne (quoique délibérément anti-heideggérienne) de la technologie ou bien pour sa critique assez acerbe de la culture (surtout de la radio et de la musique et, plus tard, de la télévision). Il élabora sa critique de notre réception inconsciente de l'ordre dominant en compagnie d'Adorno, Horkheimer, Marcuse et des autres membres de la première école de Francfort, cette école que depuis longtemps Habermas s'est assidûment efforcé de démanteler. L'école de Francfort d'aujourd'hui ne cite que rarement Adorno et pas du tout Anders, ces derniers condamnés par leur silence tout comme Heidegger. Dans ceci, Peter Sloterdijk mais aussi Reinhard Maurer tout comme Gianni Vattimo et Giorgio Agamben, Alain Badiou et Kostas Axelos, Laurence Paul Hemming, aussi bien que Dominique Janicaud et Reiner Schürmann sont des exceptions assez rares qui pensent Heidegger et le politique d'un côté progressif et plus ou moins marxiste.

Ce que dit Vézin contre Heidegger et les juifs qu'il aurait ignorés implique que nous ignorions ceux qui ne sont pas favorisés de notre attention. Exclus, non choisis, de tels savants pourraient aussi bien être morts ou mieux ; et maintenant nous faisons écho au grec sophocléen, *me phynai,* tout comme Nietzsche avait fait écho à Hölderlin dans son *La Naissance de la tragédie,* ce même Hölderlin qui avait choisi ce texte de Sophocle comme devise fortement politique et révolutionnaire pour le second volume de son roman sur l'ermite en Grèce, *Hyperion* : *μη*

---

[137] Hannah Arendt et Günther Stern étaient tous les deux originaires de Königsberg, comme l'était aussi Hans Jonas. Je suis reconnaissante à Anthony Calcagno pour m'avoir rappelé les diverse trajectoires géographiques autour de Heidegger, des géographies intimes car on pourrait aussi noter que le père de Günther Stern fut William Stern, le psychologue traditionnel et renommé qui fut d'abord le maître de Stein et qui Stein abandonna pour Husserl afin de trouver dans sa propre recherche une autre approche à la psychologie, approche qui deviendra sa propre anthropologie politique.

Φυναι, τον απαντα τικα λογον [138] — ces mots que Nietzsche mettait dans la bouche du « vieux Silène, compagnon de Dionysos, » le desideratum largement insaisissable de ne jamais être né (et ceci seulement pour commencer : « Qui, dans dix mille ans, est tellement chanceux ? », selon la vieille blague juive).

> Race éphémère et misérable, enfant du hasard et de la peine, pourquoi me forces-tu à te révéler ce qu'il vaudrait mieux pour toi ne jamais entendre ? Ce que tu dois préférer à tout, c'est pour toi l'impossible : c'est de n'être pas né, de ne pas être. D'être néant.[139]

Et puis, en opposition, c'est-à-dire sur le côté droit, il y a Ernst Cassirer. Avec lui, un monde de différence et de potins inexacts dans les faits, des faits supposés qui sont répétés avec malveillance au plus haut niveau. Après de telles répétitions, la recherche suit ; le mythe devient effectivement vérité pour ceux d'une certaine orientation (c'est un autre sens de la *Wirkungsgeschichte* de mon professeur Gadamer, qui bien sûr, pour sa part, avait appris le concept dans les réflexions de Heidegger sur l'histoire). Même Peter Gordon répète l'affirmation selon laquelle Heidegger aurait refusé de serrer la main de Cassirer après leur débat public à Davos. Ceci est manifestement inexact, car une telle affaire aurait été une insulte impardonnable (chez les Allemands ne pas serrer la main de quelqu'un n'est pas une légère affaire qu'on pourrait négliger) et rendrait impossible toute future rencontre. C'est cependant le cas que peu après le débat de Davos, Heidegger invita Cassirer à Fribourg, non seulement à son séminaire de philosophie à l'Université, mais aussi à son domicile, et ainsi de suite.[140] Tout

---

138 Friedrich Hölderlin, *Hyperion oder der Eremit in Griechenland*, Tübingen, Cotta, 1799, t. 2, p. 2. [*Ne pas être né est, au delà de tout estimation, le meilleur*].

139 Friedrich Nietzsche, *La naissance de la tragédie ou Hellénisme et Pessimisme*, trad. fr. d'Angèle Kremer-Marietti, Paris, Librairie générale française, Livre de Poche, 1994, § 3, p. 57.

140 L'origine de ce rapport n'est généralement pas cité, comme si la question était résolue. C'est Hendrik J. Pos, dans ses « Recollections of Ernst Cassirer » (dans P.A. Schilpp (éd.) *Philosophy of Ernst Cassirer*, Northwestern University Press, 1949, p. 69) qui se souvient que « the conclusion (of their talks) was not without human symbolism; the magnanimous man offered his hand to his opponent; but it was not

de même, c'est une bonne histoire : Heidegger n'aurait pas *pu* serrer la main de Cassirer si on croit l'affirmation (en anglais) d'une seule personne, le néerlandais Hendrik Pos. Pos est le seul à avoir fait cette observation d'un événement public ; aucune autre personne à Davos n'a réussi à remarquer ce supposé fait, même pas les journalistes suisses et autres (et répétons-nous, ne pas serrer la main est en Suisse, comme parmi les Allemands, ferait la page une). Mais les historiens répètent cette histoire et aujourd'hui en France, cela nous permettrait bien de dire *si non e vero, e ben trovato* — on dira que Heidegger *doit* avoir menti quand il a parlé de la rencontre de Davos à Maurice Gandillac.[141] Et on dira qu'il a *dû* mentir quoique, en parlant avec Gandillac, Heidegger, et tout contre Vézin, indique qu'il avait serré la main de tout le monde et avait parlé de Cassirer et de Brunschvicg, penseurs que Sartre invoquera dans sa *Réflexions sur la question juive*.

Normalement, toutes ces réflexions seraient inadmissibles comme philosophiques : il s'agit proprement dit d'arguments fallacieux, de sophismes, *ex concessis* comme on dit. Autrement

---

accepted ». De sa part, M. Gandillac, qui avait assisté aussi aux débats, nous informe dans ses « Entretiens avec Martin Heidegger » (*Les Temps Modernes*, janvier 1946, p. 714) que lorsqu'il rappela les jours de Davos à Heidegger, ce dernier avait ouvert un tiroir d'où il avait extrait une vieille photo qui rappelait « des temps innocents » quand il n'avait pas hésité à serrer les mains de Cassirer, Brunschvicg, et les autres. Peut-être que Pos et Heidegger se rappelaient d'occasions différentes. Voir aussi Carl H. Hamburg, « A Cassirer-Heidegger Seminar », *Philosophy and Phenomenological Research*, décembre 1964, vol. 25, n° 2, p. 208-222. Le texte de Hamburg raconte l'engagement mutuel entre les deux et le rapprochement positif qui en résultait : « It looks, therefore, as if this meeting of apparently unbridgeable philosophies, far from a failure, was a remarkable success in communicative courage, all but absent in our day » – Hamburg, p. 211. Et dans une liste de toutes les complexités de l'école alors dominante du néo-kantianisme, dans lequel Cassirer était suprême, il nous rend conscient de la complexité de se rappeler un tel engagement intellectuel, Hamburg nous offre ceci : « It is Heidegger, for a change, who, trying to put Cassirer into the context of 'philosophical works', makes the conciliatory gesture; and it is the usually all-accommodating Cassirer who, noting the uselessness of pursuing some issue any further, advocates his own view rather than interpreting another » – *ibid.*, p. 212.

141 Maurice de Gandillac, « Entretiens avec Martin Heidegger », *Les Temps Modernes*, janvier 1946, p. 714.

dit : tout ce que nous avons indiqué jusqu'ici sont des variations d'un *argumentum ad hominem*. Mais maintenant, il semble que c'était la stratégie nécessaire pour avoir les moyens d'approcher le réel impossible de la Shoah : quoique nommer les noms eût été une bonne moitié du chemin vers la justice.

Peut-être est-ce pour cela que, dans son livre écrit pour accompagner son édition des *Cahiers noirs*, Peter Trawny commence par un relativement long récit de noms : « Leo Strauss, Hannah Arendt, Karl Löwith, Hans Jonas, Werner Brock, Elisabeth Blochmann, Wilhelm Szilasi, Mascha Kaleko, Paul Celan ».[142] Et Richard Wolin, entre autres, avait déjà contribué à la question de Heidegger et les Juifs ;[143] le fait d'avoir beaucoup d'étudiants juifs autrefois était un simple fait mais est maintenant devenu une « énigme » pour nous, empruntant ici le mot juste de Trawny.[144]

Tous ces Juifs de Heidegger ! Son traducteur le dénonce, et ainsi, on suppose, toutes ses œuvres. Et, pour rapporter une triste vérité, tout récemment à Fribourg, Günter Figal, qui n'a jamais été très intéressé par Heidegger, a également renoncé à Heidegger — ce n'est pas sans importance, car il dirigeait la *Heidegger Gesellschaft*, poste, il faut le dire, qu'il avait peut-être accepté parce que cela semblait de pair avec son poste universitaire. Il est aussi sur le point de prendre sa retraite et donc d'abandonner sa chaire, la chaire même de Martin Heidegger, une chaire que l'Université n'est guère susceptible, à mon avis, de renouveler après cette retraite, une retraite finalement différée maintenant ou, mieux, reportée pour cinq ans. Et pareillement, après Figal, Donatella di Cesare, qui avait

---

142 Voir Peter Trawny qui cite Hans Jonas, qui témoigne de l'appel spécial de Heidegger pour attirer des étudiants de très loin à travers l'Allemagne – expressément 'certains de Königsberg' – notamment 'les jeunes juifs' » dans son *Heidegger et l'antisémitisme. Sur les « Cahiers noirs »*, Paris, Seuil, 2014, p. 23. Jonas parle, bien sûr, de lui-même et de Hannah Arendt.

143 Richard Wolin, *Heidegger's Children: Hannah Arendt, Karl Löwith, Hans Jonas, and Herbert Marcuse*, Princeton, Princeton University Press, 2003.

144 Peter Trawny, *Heidegger et l'antisémitisme*, p. 26.

été numéro deux à la *Heidegger Gesellschaft*, s'est trouvée obligée de démissionner.[145]

Pour moi, une partie du problème, une partie douloureuse, c'est qu'il y a aujourd'hui autant de professeurs en Allemagne qui se spécialisent (d'une façon sérieuse) sur Heidegger, (entendons par là ceux qui s'intéressent vraiment à Heidegger, des professeurs avec de vraies chaires, *ordinarius*), qu'il y a de professeurs qui se spécialisent (sérieusement) sur Nietzsche : ce nombre se distingue de plus en plus par son amenuisement rapide et ceci déjà depuis des dizaines d'années. Le professorat entier veut toujours faire quelque chose d'autre — mon point ici est que ceci se déroule précisément en Allemagne, comme d'ailleurs de plus en plus en France : comme c'est vrai depuis très longtemps, cette altération dans les positions universitaires et surtout dans les compétences des chercheurs n'a rien à voir avec les *Cahiers noirs*[146] — pas de Heidegger, pas de Nietzsche : on va plutôt faire de la philosophie morale, politique, esthétique, ou faire l'archéologie des médias. Si l'on est chanceux, des recherches sous leurs propres noms seront menées — et pourquoi pas ? — mais en aucun cas on ne veut de Heidegger. D'autre part, tout ce qui reste aujourd'hui en jeu, c'est la possibilité de ne pas manquer de rivaliser avec Figal pour dénoncer Heidegger — pourvu que ceci s'accompagne d'un poste de professeur. Et, maintenant, quoique nous n'ayons rien fait d'autre jusqu'à présent que d'en parler, venons-en à notre thème.

---

145 Pour une discussion de cette décision voir Donatella Di Cesare: « 'Selbstvernichtung der Juden'. Exklusiv-Interview mit Donatella Di Cesare », *Hohe Luft. Philosophie-Zeitschrift* (10.02.2015).

146 Voir, pour une discussion de cette question, Babette Babich, *La fin de la pensée? Philosophie analytique contre philosophie continentale*, Paris, L'Harmattan, 2012.

Heidegger et ses juifs

Heidegger et les juifs — avec le changement d'une seule lettre, on reconstituera notre point central et entrera dans la présente intervention : *Heidegger et ses juifs*.

Devrions-nous ici parler de *tous* les juifs ? En tout temps ? Si oui, pour traverser ces millénaires qui rabougrissent notre ère, on devrait bien être égyptien, babylonien, indien, être issu de l'orient tout entier pour pouvoir assimiler ces sauts de mémoire millénaires — des sauts qui seraient onto-historiaux, pour employer le mot de Peter Trawny : ces mots sont ici dans le titre de son intervention « L'universel et l'annihilation. L'antisémitisme onto-historial de Heidegger ».

« *Ses juifs* » — nous faisons déjà dans notre tête une liste au point d'être coupable d'un certain sémitisme, d'un racisme, donc d'un certain antisémitisme, car nous savons bien qui est qui, tout comme Jean-Paul Sartre l'avait écrit dans son essai d'octobre 1944, *Réflexions sur la question juive*, comptant et recomptant comme il le fait dans une liste, « Les Noms d'Einstein, de Charlie Chaplin, de Bergson, de Chagall, de Spinoza, Proust, Kafka, Darius Milhaud, Chagall, Einstein, et Bergson — ne sont-ils pas des juifs ? ».[147] Avec les juifs, nous savons bien qui est qui d'une manière qui n'est pas celle avec laquelle nous savons qui est catholique ou protestant — et il y a tellement d'espèces de protestants : Ricœur était protestant, comme l'était Sartre, mais sait-on de quelle confession ? Combien d'espèces de protestants distingue-t-on pour une France qui a toujours valu, comme Paris, une messe ? Sartre nous rappelle que c'est le christianisme qui détaille ou définit même l'athéisme — tout athéisme ; même les athées juifs ne s'opposent pas à la foi de leurs pères, de leurs mères, de leur tradition : le dieu que les athées juifs refusent est le dieu chrétien. Vraiment :

---

[147] Jean-Paul Sartre, *Réflexions sur la question juive,* Paris, Gallimard, 1954, 94. Voir aussi Samuel Fleischacker, *Heidegger's Jewish Followers: Essays on Hannah Arendt, Leo Strauss, Hans Jonas, and Emmanuel Levinas*, Pittsburgh, Duquesne University Press, 2008.

> leur athéisme ne se differencie aucunement de celui d'un Roger Martin du Gard qui dit se dégager de la foi catholique. Pas un instant, ils ne sont athées contre le *Talmud* ; et le prêtre, pour eux tous, c'est le curé, non le rabbin.[148]

Ici n'est pas en question le paradoxe de la France de Sartre, mais le problème de la chrétienté que Nietzsche trouvait si monotone qu'il pouvait établir une liste de ses époques. C'est sa lecture canonique de ce qui est anti-quoi-que-ce-soit dans son analyse du mécanisme du ressentiment dans *La généalogie de la morale* ou de son *Antéchrist* (non publié de son vivant, de même que les *Cahiers noirs* ou les *Contributions à la Philosophie* de Heidegger). À la fin de sa vie, se lamentant de l'étrangeté inimaginable de la Grèce antique, Nietzsche pouvait se plaindre auprès des chrétiens comme des juifs : « Près de deux millénaires, et pas un seul Dieu nouveau !».[149]

Dans l'explication que fait Nietzsche de la réaction anti- ou réactionnaire à la réaction, son *forté* est son analyse de la *non*-pertinence des distinctions ou des supposés désignations. De telles distinctions (telles que nous les imaginons) ne nous sont importantes que lorsqu'on a affaire à l'antisémitisme. Bien avant les soucis d'après-guerre de Sartre et de Heidegger à propos de l'humanisme, Nietzsche avait écrit des lignes à propos de *l'humain, trop humain*, ceci d'une manière bien distincte de nos soucis académiques quand, aujourd'hui, nous parlons de la fin de l'humain, du post- ou trans-humain 2.0, bref : de l'homme cyborg et machinal. Pour Nietzsche :

> La « rédemption » du genre humain (je veux dire l'affranchissement du joug des « maîtres ») est en très bonne voie : tout s'enjuive ou se christianise ou s'encanaille à vue d'œil (qu'importent les mots !) (GM I: 9)

Je cite ici *La généalogie de la morale*, texte où Nietzsche avait analysé ce qu'Adorno aurait pu nommer la « norme de

---

148 Sartre, *Réflexions sur la question juive*, p. 70.

149 « Zwei Jahrtausende beinahe und nicht ein einziger neuer Gott! » (AC §19)

l'ubiquité », le même ressentiment que nous pourrions rencontrer comme 'déjà établi' dans les *Réflexions sur la question juive* de Jean-Paul Sartre. C'est en opposition et par-dessus un gouffre bien large que le texte de Nietzsche illumine ici — et non d'une façon conviviale — la « *juiverie mondiale, Weltjudentum* » de Heidegger,[150] en particulier quand ce dernier caractérise ce phénomène comme « incité», c'est-à-dire

> aiguillonné [*aufgestachelt*] en cela par les émigrants qu'on a laissés sortir de l'Allemagne[151].

Sa formulation ne peut être qu'impossible à énoncer, à penser : « les émigrants qu'on a laissés sortir ». Heidegger essaie de s'imaginer comme un défi le caractère actif de ce mouvement bien trop ontique. Il est « omniprésent et impalpable, et même si sa puissance est largement répandue, elle n'a pas besoin de participer à des actions militaires »[152]. Encore une fois, ceci est pour nous impossible à lire.

Mais Heidegger s'intéresse à cette question et il continue en faisant contraster la croissance de ce « mouvement » avec la moindre croissance de ce qu'on pourrait correctement appeler le *Welt-Deutschentum* (ce n'est pas un vrai mot — je joue un peu avec le *Deutschtum* de Gershom Scholem dans ses réflexions sur *Juden und Deutschen*) : pour Heidegger, le *Deutschtum* coûte aux Allemands leur sang, un sang ontique, trop ontique exactement, et est achevé d'une manière bien différente de ce supposé mouvement monde-historial, achevé presque comme l'être lui-même. Et si cette constellation me rappelle l'aperçu d'Astérix en capturant les antinomies de l'esprit allemand (« *On peut être barbare et aimer les fleurs, non ?* »), on peut de nouveau apprécier ce que veut dire Trawny en nous avertissant du danger de contamination avec cette « construction onto-historique »[153].

---

150 Heidegger, GA 96, *Überlegungen* XV, n° 9, p. 262.

151 *Ibid.*

152 *Ibid.*

153 Peter Trawny, « La construction onto-historique aggrave son cas. C'est elle qui a mené à la contamination de cette pensée » – *Heidegger et l'antisémitisme*, p. 147.

Ce que Sartre disait sur la centralité du christianisme pour l'athée, même, comme il dit, pour "le judaïsme athée"[154], a rapport avec des questions autres que la confession religieuse : c'est une fantaisie, même érotique comme Sartre nous le dit. Ce fut Klaus Theweleit qui écrivit une étude en deux volumes, *Männerphantasien 1 und 2*[155], mais si Theweleit eût bien dû écrire *Fantaisies des hommes allemands*, c'est Sartre qui cependant nous informe que ce livre décrit les Français, et nous sommes certaine qu'il vaut aussi pour le monde anglophone. Nous savons tous que ce n'est pas un plaisir dans cette vie d'être l'objet d'une fantaisie : car les fantaisies coûtent à leurs victimes. Foucault avait tort ici : le pouvoir n'est pas échangé, mais imposé comme exigence[156].

Nous parlons de sang et de force parce que nous parlons de la violence.

Nous jugeons Heidegger maintenant moins coupable d'un antisémitisme personnel ou vulgaire, car nous avons toujours su qu'il était coupable d'une forme d'antisémitisme ontique de bon marché plutôt que celui plus ésotérique et insidieux d'un antisémitisme onto-historique. Mais soyons clairs : si on voulait inventorier et ranger les différentes espèces d'antisémitisme[157] — étant donné que les philosophes se plaisent à faire des distinctions et des hiérarchies —, l'antisémitisme onto-historique de Heidegger ne serait pas moins extrême que l'autre

---

[154] Je reviens donc à cette citation de Sartre : « ces Juifs athées que j'ai interrogés reconnaissent que leur dialogue sur l'existence de Dieu se poursuit avec la religion chrétienne. La religion qui'ils attaquent et dont ils veulent se débarrasser c'est le christianisme ; leur athéisme ne se différencie aucunement de celui d'un Roger Martin du Gard qui dit se *dégager* de la foi catholique. Pas un instant, ils ne sont athées *contre le Talmud* ; et le prêtre, pour eux tous, c'est le curé, non le rabbin. » Jean-Paul Sartre, *Réflexions sur la question juive*, p. 71). Selon Nietzsche, et encore une fois: « tout s'enjuive ou se christianise (qu'importent les mots !) » (GM I: 9)

[155] Voir Klaus Theweleit, *Männerphantasien 1 + 2: Band 1: Frauen, Fluten, Körper, Geschichte*, Munich, Piper, 2000.

[156] Voir ici Babette Babich, « Nietzsche et Eros entre le gouffre de Charybde et l'écueil de Dieu: La valence érotique de l'art et l'artiste comme acteur — Juif — Femme », trad. fr. d'Isabelle Wienand, *Revue Internationale de Philosophie*, 2000, 211/1, p. 15-55.

[157] Ce que fait Trawny dans son chapitre « Types de antisémitisme relevant de l'histoire de l'être » dans son *Heidegger et l'antisémitisme.*

antisémitisme vulgaire et personnalisé décrit par Sartre physiquement et psychologiquement à Paris dans son rapport d'octobre 1944 sur la question.

L'antisémitisme que nous trouvons dans les *Cahiers noirs* est une espèce d'antisémitisme sur un plan mondial : aussi hégélien que nous le voudrions. C'est l'espèce d'antisémitisme qui mène aux pogroms, comme aussi à la formulation et la mise en place physique, à plusieurs niveaux de la scène, mondiale, des solutions finales (c'est la question trop ontique de la technique qu'est la Shoah). C'est surtout l'espèce d'antisémitisme qui expulse les peuples du pays de leur naissance et de leurs moyens d'existence. Et ce dernier est le point déroutant qui réside dans le lien établi par Heidegger entre tout ceci et « les émigrants qu'on a laissés sortir de l'Allemagne »[158]. L'antisémitisme onto-historique n'est pas une abstraction. En effet, Heidegger nous enseigne comment lire ses propres remarques dans les conférences qu'il donne en 1951 et 1952 lors de son retour à l'enseignement à Fribourg, après la rétraction de l'interdiction qui lui avait retiré sa *venia legendi*. Nous lisons dans *Qu'appelle-t-on penser ?* :

> Le terme « Histoire du Monde » signifie d'habitude la même chose que celui d' « Histoire universelle ». Notre emploi du terme « Histoire du Monde » désigne cependant ce destin : que le Monde *est,* et l'homme comme celui qui l'habite. La question d'Histoire du Monde : « Qu'est-ce qui nous appelle à penser ? ». C'est la question : « comment Cela, qui proprement *est,* atteint-il les hommes de notre époque ? »[159]

Ici, comme dans les conférences de Brême avec leur analyse de la technique en tant de question de culture, sa préoccupation est toujours de tâcher d'entrevoir ce qui est — le *Regard dans ce qui est (Einblick in das was ist)* : « Les organisations dans le domaine social, le réarmement dans le domaine moral, la poudre

---

[158] Heidegger, GA 96, *Überlegungen* XV, n° 9, p. 262.

[159] Heidegger, *Qu'appelle-t-on penser ?* , trad. fr. d'Aloys Becker et Gérard Granel, Paris, PUF, 1973, p. 135.

aux yeux des activités culturelles, tout cela ne parvient plus jusqu'à ce qui est. »[160]

Ce que dit Heidegger résonne ici avec ce que disent Theodor Adorno ou Max Horkheimer qui, lui, soutenait dans *L'éclipse de la raison* que la fantaisie de *l'Übermensch*, normalement attribuée comme un cliché à Nietzsche, celle du « surhomme achevé », était plutôt une fabrication de propagande par l'industrie culturelle, une « projection des masses opprimées, King-Kong plutôt que César Borgia »[161]. Il faut lire Horkheimer parce que, selon Nietzsche, Cesare Borgia serait plus à propos et, comme il nous le rappelle dans son *Ecce Homo*, offrirait une meilleure vision du surhomme, mi-« saint », mi-« génie ». Avec cela résiste donc la réception ordinaire de son œuvre comme « darwinien » par une indirection contrastante — une indice pour les adeptes des indices : « Ceux à qui je soufflais à l'oreille qu'ils feraient encore mieux de chercher un César Borgia qu'un Parsifal, ils n'en croyaient pas leurs oreilles. »[162] Et Heidegger clarifie aussi pour nous ce que le surhomme n'est pas :

> Nous ne le trouverons cependant jamais, ce Surhomme, tant que nous le chercherons sur les marchés d'une opinion publique préfabriquée et dans les Bourses où se trafique la culture — tous lieux où c'est encore et uniquement le dernier homme qui sert la machinerie. Le Surhomme ne paraît jamais dans les cortèges bruyants des prétendus Puissants, ni dans les rencontres arrangées des hommes d'État.[163]

---

160 *Ibid.*, p. 108.

161 « Le surhomme achevé, contre lequel personne ne nous a mis en garde avec autant d'anxiété que Nietzsche, est une projection des masses opprimées, King-Kong plutôt que César Borgia. La fascination hypnotique exercée par des surhommes de pacotille comme Hitler, ne vient pas tellement de ce qu'ils pensent ou disent ou font, mais bien plutôt de leurs simagrées, car celles-ci proposent un style de conduite à des hommes qui, dépouillés de leur spontanéité par l'industrialisation, ont besoin qu'on leur dise comment se faire des amis et comment influencer les gens » Max Horkheimer, *L'Éclipse de la raison.*

162 Nietzsche, *Ecce Homo, Pourquoi j'écris de si bons livres*, § 1, p. 278.

163 Heidegger, *Qu'appelle-t-on penser ?* , p. 115.

Tous ces détails peuvent sembler n'être que des distractions parce que nous avons à soulever des questions ayant rapport à Heidegger et aux juifs. L'important ici, c'est Heidegger et *ses* juifs : ceux qui lui appartiennent (comptons Hannah Arendt dans cette catégorie — où c'est l'amour, naturellement, l'amour, qui est, comme elle l'a dit, « plus grand qu'une seule personne individuelle ») ; et ceux qui lisent ses œuvres — et ici nous suivons Kant, comme le faisait Heidegger : tout ce qui est *actuel* est bien *possible* ; comme également ceux qui, il était une fois, ont lu Heidegger, ainsi Emmanuel Levinas. Dominique Janicaud nous rappelle ce que nous avons peut-être oublié :

> En 1930, dans sa thèse sur Husserl, Lévinas laisse percevoir, en concluant, le caractère heideggérien de son interprétation des « problèmes constitutionnels comme problèmes ontologiques » et il y présente la philosophie de Heidegger comme l'audacieuse explication du « sens de l'existence de l'être révélé par la phénoménologie husserlienne ».[164]

Pour Levinas, selon Janicaud, « seul M. Heidegger ose affronter délibérément ce problème »[165].

Il y a d'autres étudiants et anciens lecteurs quoi qu'antagonistes de Heidegger, car il est évident que parfois nous devons résister à ceux qui nous ont le plus influencés. Parmi eux, nous avons déjà compter le premier mari de Hannah Arendt.[166] Et il y a d'autres noms : si on ne peut pas réduire Leo Strauss à Heidegger (si Heidegger a eu de l'influence sur le cercle et le

---

164 Dominique Janicaud, *Heidegger en France*, p. 33.

165 *Ibid.*

166 L'excuse un peu mince que nous offrons ici pour la discussion de la technologie est Gunther Anders, que nous considérons être le Juif suprême de Heidegger dans presque tous les sens : il est détesté par les heideggériens et les autres philosophe académiques, rejeté même par Arendt elle-même, mais se dédie à une vie de réflexion sur les thèmes de Heidegger, avec et aussi contre eux. C'est Michael Theunissen†, qui n'est pas juif, mais un étudiant néanmoins de Heidegger dans les années 1950, qui a pris soin de nous rappeler que dans les sens que donne Heidegger à la rigueur intellectuelle l'importance de penser avec *et* contre Heidegger. Mon excuse est mince parce qu'Anders ne pourrait être moindre si on l'essayait – et on ne le fait pas.

mode de pensée straussien, il est clair que Strauss a eu une influence politique et une importance sérieuse (mais un peu nocive) pour le développement de la pensée politique dans les Universités américaines). Nous pourrions aussi mentionner d'autres personnes que nous avons connues, ainsi Herbert Marcuse qui a suivi le côté politique de la critique qu'a fait Heidegger de la technique (côté retrouvé dans les *Cahiers noirs*) pour écrire *L'homme unidimensionnel*, un des meilleurs livres de sa et de notre génération — *pace* les adeptes de Simondon et bientôt Souriau, pourvu que Bruno Latour succède dans ses effort biographiques[167].

Et il y aurait Jacques Derrida, mais pour cela il me faudrait disposer d'un surplus de temps et d'espace.

Pourquoi ces références aux étudiants et lecteurs de Heidegger, Marcuse et surtout Anders ? Pourquoi, lors d'une conférence sur Heidegger *et* les juifs, parler, comme je le fais, des *thèmes* de Heidegger, surtout de sa *question de la technique*, de sa critique politique de la culture, deux sujets pour lesquels les heideggériens ne manifestent que peu ou pas d'intérêt ? Les heideggériens ne font que peu cas de « La question de la technique » et encore moins de la question politique — même si cela implique qu'ils ont perdu de vue la question de la question que pose Heidegger, lui qui soutenait que nous ne pouvons pas penser le questionnement aujourd'hui sans prendre en compte l'ombre qui hante l'effort, il faut dire de *tout* effort supposant le questionnement : cet ombre, c'est la technique, et bien sûr cela signifie que cet ombre est le calcul, le raisonnement, la machination. Même les philosophes de la technologie ne s'intéressent pas à Heidegger et à sa pensée de la technique parce qu'il en était critique, et cela est entendu au sens négatif.[168] Les

---

167 Marcuse s'opposait à Anders mais réussit néanmoins à entasser ses idées dans une série de clichés des années soixante. Il ne fut pas assisté par le fait d'avoir une cohorte d'étudiants généralement de talents médiocres qui ne comprenaient pas sa pensée mais qui sont cependant devenus ses pourparlers.

168 Une exception après Jacques Ellul (déjà mentionnée) et Paul Virilio est bien sûr Jean-Philippe Milet qui a écrit, *L'Absolu Technique. Heidegger et la question de la technique* Paris, Kimé, 2000.

penseurs de la technologie de nos jours font soit l'éloge de Heidegger, soit la critique en vue de l'améliorer ou de le corriger. Plus souvent, ils n'en parlent pas bien que, de plus en plus, apparaissent de nouveaux domaines entiers relatifs à une archéologie des médias, aux sciences humaines digitales, ou à ce que vous voudrez — et ainsi de suite.

Ici, cependant, il peut être utile de suivre un parallèle dans l'unique pensée en vertu de laquelle Heidegger dit qu'un penseur pense. Revenons à sa si notoire *Introduction à la métaphysique*, livre d'avant la guerre dans lequel il utilise les mêmes mots que ceux qu'il emploiera avec un effet mortel après la guerre dans les conférences qu'il donnera aux hommes d'affaires de Brême. Dans ce livre et dans ces conférences, Heidegger assimile l'agriculture industrielle à la fabrication de cadavres dans des camps d'internement. Dans le livre de 1935, mais le parallèle demeurera dans les années qui suivront, il écrit :

> La Russie et l'Amérique sont toutes deux, du point de vue métaphysique, la même chose ; la même frénésie sinistre de la technique déchaînée, et l'organisation sans racines de l'homme normalisé. En un temps où le dernier petit coin du globe terrestre a été soumis à la domination de la technique, et est devenu exploitable économiquement, où...[169]

Stoppons son propos. Heidegger parle ici de téléphones, d'actualités, de films, d'enregistrements et de la radio, de tout ce dont parleront Adorno, comme aussi Günther Anders et son cousin, Walter Benjamin : ils parleront, *après* Heidegger, de la question de l'art à l'ère de la reproduction mécanique. Reprenons la citation :

> — où toute occurrence qu'on voudra, en tout lieu qu'on voudra, à tout moment qu'on voudra, est devenue accessible aussi vite qu'on voudra, et où l'on peut vivre simultanément un attentat contre un roi en France et un concert symphonique à Tokyo, lorsque le temps n'est plus que vitesse, instantanéité, et que le temps comme provenance a disparu de l'être-là de tous le peuples, et que le

[169] Heidegger, *Introduction à la métaphysique*, p. 49.

rassemblement en masse de millions de l'homme constitue un triomphe.[170]

Je cite longuement non pas parce que tout ceci est à mettre en parallèle avec certaines réflexions d'Adorno, de Benjamin et d'Anders, mais parce que ce texte n'est pas la confession d'un adepte du national-socialisme. Tout comme tant d'autres chercheurs l'ont fait, Peter Trawny nous a expliqué que Heidegger fut un nazi. C'est clair : il l'était en effet, mais Heidegger, à notre sens, a traité son nazisme à peu près comme il a traité Nietzsche[171]. Et bien que nous soyons loin d'avoir arrêté notre position sur ce point, il se pourrait que, plutôt de nous joindre au jugement ordinaire voulant que Heidegger ait souscrit à l'antisémitisme de son temps, nous avancions l'idée selon laquelle il semble également avoir eu sa propre trajectoire, d'où un autre sens, une autre façon de parler de Heidegger et ses Juifs.

Car nous nous rappelons que, dans les *Cahiers noirs*, dans les *Beiträge* et même — si nous en avions besoin — dans *Qu'appelle-t-on penser ?*, Heidegger se plaint (dorénavant on préférera dire qu'il *couine*) des rassemblements de masse et des clameurs en masse de slogans[172], actualités qui n'apparaissaient pas à Heidegger comme une réussite. Notre problème, Heidegger nous informe — c'est que nous croyons comprendre Nietzsche. Ici, en caractérisant la pensée de Nietzsche et en comprenant l'importance centrale des textes posthumes vis-à-vis des textes publiés, il nous offre — comme nous l'avons montré ailleurs — peut-être l'héritage qu'il souhaite laisser (voir les *Beiträge*, *Besinnung*, tous les *Cahiers noirs*, etc.). En passant : ces textes sont ceux dont nous aurions besoin pour comprendre un

---

170 *Ibid.*

171 Et vous pouvez demander à vos amis spécialistes de Nietzsche de ce qu'ils pensent du Nietzsche de Heidegger (c'est normal de le dénoncer) ou de la manière dans laquelle Heidegger lisait tout le monde dans l'histoire de la philosophie. Le nazisme de Heidegger est tout comme sa lecture de l'histoire de la philosophie, de l'histoire de la métaphysique, de la fin de la philosophie.

172 Le mot de Heidegger pour 'bruit' est *Lärm* (important pour un fétichiste du grec comme l'était Heidegger). C'est le *flatus vocus* qui fait écho à ses réclamations.

« nouveau Nietzsche » (et Heidegger parle ici à vrai dire de soi-même et, à notre avis, pour un « nouveau Heidegger » à venir).

> Ce qu'il a véritablement pensé ne fut connu que par la publication, largement insuffisante, d'extraits de son œuvre posthume. Par toutes ces indications, il doit être devenu clair qu'on ne peut lire Nietzsche au hasard ; que tout écrit a son caractère particulier et ses limites ; que surtout l'œuvre capital de sa pensée, contenu dans les écrits posthumes, pose des exigences qui ne sont pas à notre taille. C'est pourquoi il serait convenable que vous ajourniez provisoirement la lecture de Nietzsche et que vous étudiez d'abord pendant dix ou quinze ans Aristote.[173]

De Nietzsche à penser — c'est le sujet de son cours de Fribourg — le problème est dans le fait que, comme étudiants de philosophie, nous nous supposons savoir — et qui le saurait, sinon nous ? — ce que signifie réfléchir et penser et, par cette supposition, nous croyons connaître les questions mondial-historiques — précisément ce que nous aurions besoin de connaître pour comprendre de quoi Heidegger parle quand il parle de « la juiverie mondiale ». Pour Heidegger, la lecture qu'il faisait de Nietzsche et du « dernier homme » avant, pendant, et enfin à nouveau après la guerre, montre que notre problème est que nous ne pensons pas, tout en insistant que nous le faisons, et, c'est le point central, en pensant que nous pensons, nous protestons en effet contre ce que nous faisons. Nous ne posons pas la question que Heidegger pose dans sa *Qu'appelle-t-on penser ?* — et quiconque le ferait nous agace.

Le « désert croît ». Suivons la parole de Nietzsche dans *Ainsi parlait Zarathoustra*, parole que Heidegger reprend dans sa première conférence à l'Université après la guerre : « Le désert

---

[173] Heidegger, *Qu'appelle-t-on penser ?*, p. 116. La référence à Aristote est naturellement explicite – et c'est aussi inévitablement une critique de Nietzsche (qui avait réfuté Aristote dans ses propres réflexions sur la tragédie et sans ses travaux plus techniques sur la poétique grecque) *cf.* p. 72-73. Voir Babich, « The Spirit of Music in *The Birth of Tragedy*: Phenomenological Investigations of Music and Word » dans Babette Babich, *The Hallelujah Effect*, Surrey, UK, Ashgate, 2013, p. 191.

croît. Malheur à celui qui protège le désert ! ».[174] Et Heidegger offre cette affirmation dans le cadre de la récupération de l'Allemagne après la guerre et au début de ce qui deviendra le « miracle allemand » — on parle ici bien sûr de la finance, d'une grande croissance économique, ce qui est la seule sorte de miracle qui nous intéresse aujourd'hui. Ses réflexions ne semblent pas nous concerner, pas quand il s'agit de Heidegger, ni d'ailleurs de ses répétitions constantes, même quand elles sont soulignées (comme il le fait) « *Ce qui donne le plus à penser est que nous ne pensons plus encore.* »[175] Heidegger met ces mots en italique pour nous, les contextualisant comme pour des étudiants de philosophie, nous qui avons appris d'Aristote et de Platon que l'homme se définit comme « l'animal raisonnable » — et que l'on ne nous oppose pas les féministes : *rien* dans la philosophie n'a affaire aux femmes, car les femmes, malgré l'ironie de Platon, n'ont jamais été destinées à faire partie de l'histoire de n'importe qui ; et il n'est non plus pas question de répondre aux neuroscientifiques d'aujourd'hui et de leur dépendance à l'égard de la pratique universitaire de la vivisection (car que pourrions-nous savoir du cerveau si ce n'était pas pour les cerveaux — *on doit remercier Claude Bernard pour cela* — des chiens et des singes macaques que nous continuons à capturer dans la brousse, un commerce d'esclaves jamais interdit dans nos laboratoires), et, pour répondre aux positivistes réducteurs parmi nous, ceci n'est pas non plus l'affaire des animaux.

Heidegger laisse de côté les femmes *et* les animaux *et* les Juifs dans ses cours magistraux, mais il nous offense de toute façon, répétant au long de *Qu'appelle-t-on penser ?* qu'« encore nous ne pensons pas ». Il ne réfléchit sur rien de moins que la répétition de cette phrase : « Il reste qu'il est étrange, et apparemment arrogant, de prétendre que ce qui donne le plus à penser dans notre temps, ce soit que nous ne pensons pas encore ».[176] Et comme si cela ne suffisait pas, Heidegger, ici, souligne les

---

174 Heidegger, *Qu'appelle-t-on penser ?*, p. 106.
175 *Ibid.*, p. 21.
176 *Ibid.*, p. 24.

implications de ce qu'il requiert de la logique et de la science : le raisonnement scientifique. Et nos oreilles savantes collectives se hérissent : nous entendons Heidegger nous dire que *nous* ne pensons pas, tout comme nous viendrons à lire ses *Contributions* et ses *Cahiers noirs* où il insiste sur la pensée calculatrice, principe selon lequel il affirme que les Juifs ont vécu depuis très longtemps ; et c'est aussi le principe dont il prétend qu'il domine la politique national-socialiste et régit encore nos efforts les plus communs. Pour Heidegger nous ne pensons peut-être pas, mais nous faisons de la *Machenschaft* : nous en sommes des adeptes ou bien, peut-être pour mieux dire, la *Machenschaft*, comme la technique, nous travaille :[177]

> Car l'essence de la technique n'est rien d'humain. L'essence de la technique n'est, avant tout, rien de technique. L'essence de la technique a son lieu dans ce qui dès longtemps et avant toute autre chose donne à penser.[178]

Cependant ne pourrions-nous pas ignorer ces distractions avec la science et la technique, car quand il s'agit de penser, n'y a-t-il pas la philosophie[179] : tout comme Heidegger, nous l'enseignons à l'Université, et c'est la vraie raison pour laquelle nous avons toujours su que Heidegger a dû se tromper sur ce

---

[177] Heidegger est conscient de la difficulté que nous pouvons avoir en le lisant, en lui parlant, comme il parlait ici, à ses élèves. Ainsi, il admet: « Une prédication qui parle d'un temps qui 'donne à penser', et encore de ce qui en lui 'donne le plus à penser', est par là même d'avance accordée dans une tonalité négative » – *ibid.*, p. 35.

[178] *Ibid.*, p. 93. Et Heidegger continue en disant (Ellul en a cerné les implications) : « La technique moderne ne repose ni sur, ni dans le fait que des moteurs électriques, des turbines, et autres machines du même genre, sont en service, car tout ce qui est de ce type n'a pu s'installer qu'autant que l'essence de la technique moderne avait établi déjà sa domination. Ce n'est pas parce que notre époque est celle de la machine qu'elle est une époque technique, c'est bien plutôt parce qu'elle est technique qu'elle est l'époque de la machine » – *ibid.*, p. 95.

[179] Et après la science et la technologie sur lesquelles nous sommes sûrs que nous pensons, il y a l'accent littéraire de la plupart des traducteurs qui travaillent moins comme philosophes (ceci est le passé) que dans des facultés d'allemand. Ceci n'était autrefois pas vrai aux USA mais seulement pour des raisons exceptionnelles (nous parlons ici des traducteurs récents de Heidegger), C'est la raison pour laquelle en anglais nous n'avons pas plus de traductions et surtout la raison pour laquelle nous n'avons pas en anglais une traduction complète des œuvres posthumes de Nietzsche.

qu'il disait de la pensée. Nous, universitaires, avons notre emploi après tout : penser — n'est ce pas notre métier ?

Lorsque nous aurons terminé, après ces quatre jours précédés et ponctués comme ils l'ont été par un assassinat horrible, par le terrorisme et le meurtre, nous pourrons nous rappeler que ces jours-ci rien ne s'éloigne de nous mais tout se transforme plutôt en problème de la journée, d'aujourd'hui, de demain et ainsi de suite, de sorte que nous ne parlons pas de « Heidegger et les Juifs » comme s'il s'agissait d'une question historique mais d'une précision actuelle, tout comme Derrida l'avait présenté quand, au début de *De l'esprit*, il se demandait si Heidegger avait réussi à parler de fantômes, de flamme, des cendres — comment l'aurait-il pu ? C'est pourquoi, pour Derrida, il faut parler toujours « en pluriel, des pensées ou des impensées de Heidegger »[180]. Ainsi la langue de Heidegger, la même langue qui permet à Heidegger de se soustraire à la terminologie inexacte de « romantique » lorsqu'il s'agit de Hölderlin, le lance inévitablement dans sa tactique très consciente de se passer de certains mots — et ceci est le cœur de la question de ce qui devrait être une philologie heideggérienne (qui n'existe pas encore, c'est-à-dire une herméneutique de l'herméneutique de Heidegger), de ce que Derrida appelle la tactique de Heidegger de « l'évitement ».

Pour Derrida, la question en cause est l'ombre de la pensée de Heidegger, pour emprunter l'expression de Dominique Janicaud. Et rappelons encore Vézin, le traducteur de Heidegger : « Heidegger 'ignore' les Juifs. »[181] Les *Cahiers noirs* sont le comble : pour Vézin, nous sommes soumis aux conséquences de leur publication. Comme chez beaucoup d'autres, il nous trouve dans une catastrophe en cadre d'arrêt, à bout de souffle comme un Godard aurait pu nous laisser, mais sans la romance d'un film, donc sans frisson, mais seulement avec le sentiment terrible

---

[180] Jacques Derrida, *De l'esprit. Heidegger et la question*, Paris, Galilée, 1987, p. 19.
[181] François Vézin, « L'étendue du désastre », 8 août 2014.

d'horreur avant l'accomplissement final : « Nous sommes devant le phénomène de la goutte d'eau qui fait déborder le vase. »[182]

L'image est parfaite : Vézin en a plein la gorge, bien comme, manifestement, presque tous les heideggériens de nos jours.

Mais si nous parlons de Heidegger et les Juifs, et si (et nous ne devons pas oublier ceci bien que nous le faisions à chaque fois que les nominations aux nouveaux postes universitaires sont en jeu, s'il n'est question d'une nouvelle élection au Collège de France),[183] tout se déroule à ce moment sous le signe d'un mouvement qui (nous le soulignons), avec ou sans un scandale, avec ou sans les mots accablants que nous lisons dans *Cahiers Noirs* de Heidegger, livres apparemment compris par tous même avant une lecture approfondie (car tout réside, n'est-ce pas, dans la noirceur de son âme ?), où tout réside dans un mouvement qui nous amène dans un sens déjà décidé d'avance par la philosophie. La modalité dominante en France aujourd'hui est la philosophie analytique — et elle n'a pas besoin de Heidegger, avec ou sans les Juifs.

Parce que si nous sommes philosophes (au moins dans la manière d'autrefois), nous avons lu Heidegger, ce qui signifie que, contrairement à beaucoup qui ne lisent pas Heidegger, nous savons qu'il y a un gouffre de différence entre le positivisme d'une analyse aveugle (donc de la philosophie de style analytique) et ce que Heidegger appelle la pensée, une pensée à laquelle il nous exhorte par sa tactique derridienne d'évitement, nous rappelant de prendre soin de noter que nous ne pensons toujours pas. Et nous, heideggériens, au moins ceux qui pensent à la technique et à la science, n'oublions pas la réflexion de Heidegger selon laquelle quoi que serait la vérité, il faut « éviter

---

182 *Ibid.*

183 Voir notre discussion (dans un style légèrement polémique) de cette tendance dans Babette Babich, *La fin de la pensée ? Philosophie analytique contre philosophie continentale*, Paris, L'Harmattan 2012 et aussi dans une interview « The Impoverishment of Philosophy », *Purlieu: Philosophy and the University*, 2011, n° °2, pp. 37-71 aussi bien que dans une conférence « Requiem », 8 octobre 2011, Boston College : https://www.academia.edu/2344219/Requiem_Reflections_on_the_Analytic_Continental_Divide Web.

» — c'est « l'évitement » de Derrida une fois de plus — tout ce qui est « simplement » correct, le raisonnement, le calcul. Car la science surtout ne pense pas.

Dans les *Cahiers noirs* — si nous parvenons à soutenir la lecture forcée ou obligatoire imposée aux heideggériens — après la longue corvée dans le texte, c'est seulement quand nous nous approchons de la fin qu'on trouve une seule phrase, au sommet de la dernière page : « Le monde entier interprète. Personne ne pense. »[184] Ceci pourrait-il expliquer pourquoi, en fin de compte, une fois de plus, comme l'a écrit Heidegger au début des années 1950, nous ne pensons toujours pas ? Pour Heidegger, nous ne pouvons pas nous-mêmes penser : « car », comme Heidegger l'écrit laconiquement dans son essai sur la technique, « un homme ne serait qu'homme, uniquement de et par lui-même : une telle chose n'existe pas »[185]. Heidegger nous invite à penser l'envoi de l'être, la remise en jeu par laquelle nous sommes beaucoup plus en jeu (pour emprunter le langage de Jacques Ellul qui a compris ici celui de Heidegger), de l'enjeu du *Ge-Schick* de la *Geschichte*, des événements de l'histoire, au-delà de nos calculs, de notre planification. Ellul a compris la force réelle de la technique, pas comme l'appareil que nous mettons dans notre poche en l'ajustant pour vibrer au cours de ces trois jours, pas ce que nous attachons aux nouvelles réclamations au nom de Charlie, réclamations qui attestent bien sûr l'anxiété qui rend chacun de nous, que nous acceptions ou non la rhétorique-parodique, Charlie *in potentia*.

Si l'on cite Heidegger, il n'est pas sûr que cela ait à voir avec les deux grands tomes de la dernière étude de Janicaud, *Heidegger en France*. Le premier volume, *Récit*[186], offre ses réflexions et une analyse de l'influence de Heidegger en France — c'est bien son titre. Le second volume de conversations et entretiens offre une justification empirique par les entretiens

---

184 Heidegger, GA 96, *Überlegungen* XV, p. 276.

185 Heidegger, « La question de la technique », dans *Essais et conférences*, trad. fr. d'André Préau, Paris, Gallimard, 1958, p. 43.

186 Dominique Janicaud, *Heidegger en France*, Paris, Albin Michel, 2001.

qu'il a soutenus avec tout le monde sauf Ricœur qui avait finalement refusé après avoir accepté[187]. Cependant le premier volume est bien assez compréhensif pour rendre clair le fait qu'il est difficile d'exclure l'influence de Heidegger pour des raisons plus compliquées que beaucoup d'entre nous peuvent penser (et une partie de la raison est que nous avons eu le luxe d'éviter la longue tâche de lire l'étude de Janicaud). Ce n'est pas la thématique de Heidegger et l'antisémitisme qui nous fera lire plus de Janicaud ; « Heidegger et les Juifs » encore moins. Et une lecture de la lettre de Heidegger à Jean Beaufret au sujet de *L'existentialisme est un humanisme* de Sartre doit encore être effectuée — quoique nous avions été avertis de nombreuses correspondances évidentes —, et on doit de même regarder les *Réflexions sur la question juive* de Sartre.

Nous avons une conclusion sur Adorno que nous n'aurons pas le temps de livrer en détail, mais ni Adorno, ni Sartre, ni Janicaud nous aiderons au niveau de l'Université, le niveau concret de ce qui est et sera enseigné, posée comme sujet sur les examens, la seule liste qui légitime ou non le discours commun. À part cela, les non-cités sont au plus les nouveaux oubliés d'hier. Cependant, c'est bien à cause de cela que Jean Wahl est la clé de la lecture que fait Janicaud de Heidegger en France. Mais qui lit Jean Wahl aujourd'hui sérieusement ? Qui lit aujourd'hui Pierre Duhem, auteur d'une posthume *Science allemande*[188] ? Qui lit le psychologue moral préféré de Nietzsche, lui-même un Juif, Paul Rée[189] ? Aujourd'hui ? Tout, tout, tout ceci sera finalement

[187] Se souciant de son legs ou héritage, Ricœur avait rencontré Dominique Janicaud pour l'entretien, comme ce dernier me l'a dit celui-ci lors de notre dernière rencontre juste avant sa mort, mais décida lors d'un dîner qu'il resterait confidentiel.

[188] Pierre Duhem, « La Science allemande », *Revue Philosophique de la France et de l'Etranger*, 81 (1916): 188-189. Voir notre discussion de cette constellation in « Early Continental Philosophy of Science », dans Keith Ansell-Pearson et Alan Schrift (éds), *The New Century Volume Three: Bergsonism, Phenomenology and Responses to Modern Science: History of Continental Philosophy*, Chesham, Acumen, 2010, pp. 263-286.

[189] Jonathan Rée (« The Story of A Star-Friendship, » *The Times*, 16 Septembre 2015) en revue de Robin Small qui lui lit Rée très sérieusement. Voir Small, *Nietzsche and Rée: A Star Friendship*, Oxford, Oxford University Press, 2005. *Cf.* Paul Rée, *De l'origine*

déchargé dans (cela ne peut être traduit) le dernier véhicule de la philosophie analytique de l'esprit : les husserliens ont longtemps été éviscérés de cette manière, rendus impossibles à distinguer des praticiens de la théorie cognitive, indépendamment de ce que Husserl lui-même pensait du psychologisme et de la crise des sciences naturelles.

Nous ne sommes pas ici pour parler de la philosophie et de ses modes, absurdes et non, et ceci grâce à l'enseignement de ce que nous pourrions appeler — nous faisons (encore) écho à Pierre Duhem — la « science allemande » de nos jours. Cette science, c'est la physique, et Alan Sokal, accompagné de sa voix populaire — car pour qu'une idée puisse être importée en France, elle doit être bien guidée (pensez à Dante avec sa Béatrice, Orphée avec l'indispensable Hermès Psychopompe) sans quoi elle ne pourra pas survivre. Jean Bricmont, professeur de physique théorique belge, a soutenu Sokal, préparant le terrain de la « pseudo-philosophie » pour le scandale actuel, et nous savons quel nom nous devons donner désormais à la « pensée » heideggérienne. C'est, et tous les philosophes universitaires ou analytiques contemporains sont d'accord : la pseudo-pensée en soi. [190]

Car en fait nous sommes vraiment ici pour enterrer Heidegger, et nous prévoyons pouvoir ensuite nous retourner pour annoncer que nous sommes libres de « vagabonder » — « *errer* » selon Trawny — avec Heidegger, libre à être, comme Heidegger l'était, *errant*, ce qui signifie libre de le dénoncer et de l'exposer *ad infinitum*, et cependant insister sur le fait qu'il devrait y avoir des bourses, un financement, un public pour tout cela, sans jamais que l'on en ait fini avec lui. Que ferions-nous d'autre ? Même son traducteur, comme Günter Figal parmi

---

des sentiments moraux, Paris, PUF, 1982 et Friedrich Nietzsche, Paul Rée, Lou von Salomé : *Correspondance*, Paris, PUF, 2001.

190 *Cf.* Babette Babich, « Calling Science Pseudoscience: Fleck's Archaeologies, Latour's Biography, and Demarcation or AIDS Denialism, Homeopathy, and Syphilis », *International Studies in the Philosophy of Science*, 29, N°. 1 (2015): 1-39.

beaucoup d'autres, s'est lavé les mains lorsqu'il a été confronté avec les éclats de ce vase brisé.

L'errance est vraiment le mot juste : c'est le mot que soulignait déjà mon professeur, le Père jésuite Richardson. C'est sans doute une expression franchement alémanique de Heidegger, qu'on retrouve dans l'aphorisme placé sous le titre de « *Die Vorlesung,* » où Heidegger conclut « et personne ne devine ni le chemin ni le parcours ; et personne n'ose un pas. Les errants errent et *sont.* »[191]

Qu'il nous soit permis d'aborder une conclusion, consciente du temps et consciente également que nous n'arriverons pas à nos conclusions finales, ni celle sur Adorno, ni celle sur la technique elle-même. Heidegger et ses juifs : il y avait un certain nombre d'étudiants juifs et des universitaires qui ont travaillé avec Heidegger au moment de, c'est-à-dire à la fois avant et après, *Être et temps*, et qui ont été influencés par les conférences sur « l'origine de l'œuvre d'art »[192]. Citons ici comme élève de Heidegger non seulement Anders mais aussi Benjamin et Adorno. Ce serait le moment à l'aube des années 1930 : avant la fatale troisième année de cette même décennie infâme et critique dans notre histoire.

Il y a ensuite des penseurs plus contemporains qui ont tiré leur inspiration en partie de Husserl, avec qui Heidegger doit être associé parce que sans Husserl, pas de Heidegger. Nous nous rappelons que Nietzsche dit (et nous suivons délibérément sa formule ici) *ohne Hegel, kein Darwin*. Mais le parallèle doit être souligné à plusieurs reprises pour mettre en évidence la dépendance de Heidegger à l'égard de Husserl, condition *sine qua non* que Heidegger simultanément atteint et dépasse à plusieurs reprises, un fait reconnu et bien sûr déploré par Husserl. Cet élément, cette condition *sine qua non*, fait toute la différence. Nous avons aussi déjà nommé plusieurs chercheurs,

---

191 [« und keiner ahnt den Weg und Gang; und keinerwagt einen Schritt. Aber Wanderer wandern und *sind.* »] Heidegger, GA 96, § 138, p. 161.

192 Ici, voir Janicaud aussi bien que Jacques Taminiaux, *Sillages phénoménologiques. Auditeurs et lecteurs de Heidegger*, Bruxelles, Ousia, 2005.

dont Levinas, Anders, Arendt, Marcuse, Strauss, et comptons Benjamin et Adorno aussi, quoique négativement ; plus tard il y aura particulièrement Derrida, c'est évident, mais aussi les Taubes, tous les deux, Jacob *et* Susan, et nous ne pouvons que difficilement prétendre avoir fini avec une telle liste[193].

Et enfin il y a la question de Heidegger et « ses » juifs, dans un sens plus elliptique. Qu'est-ce que cela signifie pour Heidegger, en supposant que nous prêtions attention avec Derrida à ceux contre lesquels Heidegger nous met en garde explicitement, comme ses lecteurs, à fin d'évitement quand il parle des Juifs dans ses écrits, même en particulier dans les textes qu'il supprime de la liste de ses œuvres à publier ? Eh bien, comme cette implication dernière est tout à fait inexacte, alors laissez-nous la corriger bien qu'elle soit diffusée dans la presse, par des journalistes ou historiens politiques ou théoriciens politiques populaires (et ces descriptions nominales sont toujours les mêmes au niveau du public : on est un journaliste si l'on écrit pour *Le Monde*, comme pour le *New York Review of Books*, pour toute revue de livres dont la popularité détermine le calibre et le niveau de ce qui est écrit, de ce qui peut être écrit, etc....). C'est l'affirmation selon laquelle Heidegger aurait « caché » « soigneusement » ou autrement, ces cahiers. Il n'en est rien : il a ordonné leur publication — et c'est le rêve d'un éditeur, Klostermann en l'occurrence, qui ne pourrait pas être plus heureux avec les avantages commerciaux de ce programme de Heidegger pour la publication de ses œuvres ou du scandale assuré par ce programme. Heidegger n'a pas caché les *Cahiers noirs* : il les sauvait pour la fin. Ils sont, à vrai dire, son « Omega ».

Après s'être plaint pendant des années que Heidegger a ignoré les Juifs, comme Vézin nous le dit, ou après avoir noté qu'il n'a pas assez parlé des Juifs, de l'Holocauste, de la souffrance et de la douleur et du crime en tant que tel, et — c'est

---

193 La liste serait encore plus longue si on ajoutait ceux qui se lancent vers Heidegger avec *animus* : on mentionnerait Jean-Michel Salanskis ainsi que Reinhard Mehring et cetera et en plus.

l'élément criminel —, de la mort dont on doit parler quand nous parlons de l'Holocauste, ce mort dont parle Heidegger dans la diffusion des mots publics qu'il a sur ces sujets, affirmant que les victimes ne meurent pas dans l'internement, dans les camps de concentration, dans les camps de la mort (et il doit être fou pour avoir dit cela), nous sommes devant une table diffuse de mentions explicites mais non, c'est ce qui agace Vézin, de juifs individuels — même pas Arendt et certainement pas Stein ou Anders ou les autres. Ici, nous lisons, et cette lecture nous coupe le souffle, comme nous le font tous les clichés et les insultes : « Les Juifs, *avec leur talents marqués pour le calcul*, 'vivent' le plus longtemps par le principe de la race. »[194] Heidegger écrit ainsi l'un des plus tristement célèbres passages inflammatoires des *Cahiers noirs*[195] et nous comprenons le choix de Peter Trawny de la langue du mondial-historial et de l'antisémitisme onto-historial, mais nous pouvons y ajouter, comme le font les commentateurs américains, antisionisme.[196]

Heidegger écrit :

> Le nazisme est un *principe barbare*. C'est son essence et sa possible grandeur. Ce n'est pas lui le danger — mais qu'il soit diminué par une prédication sur le vrai, le bon, le bien — (comme dans une soirée de formation scolaire). Et que

---

194 Heidegger, GA 96, *Überlegungen* XII, § 38, p. 56.

195 *Nota bene*, c'est un peu inexact de parler des *Cahiers Noirs* au pluriel, non parce qu'ils ne sont pas pluriels, mais parce que les passages en question sont limités à ceux qui sont trouvés dans les cahiers datant 1939-1941. Le prochain volume, GA 97 : *Anmerkungen I-V (Schwarze Hefte 1942-1948)*, publié à manque (apparement) de telles références malgré le fait que la guerre continue. Les réflexions de Trawny rendent clair que ce qui est en jeu est de lire la philosophie de Heidegger tout entière à travers la lentille de ces cahiers et de leurs soucis. Ce que Heidegger a voulu dire comme approprié à la philosophie quand il parlait de Nietzsche par l'entremise du nom exemplaire d'Aristote et en suivant la manière des doxographes de l'antiquité, à savoir que « le philosophe naquit, travailla, et mourut » ne sera pas dit de Heidegger. Ni de même de Nietzsche. Mais le point important pour Heidegger, le fait que notre préoccupation pour la biographie nous éloigne de l'œuvre, est amplement confirmé.

196 Richard Wolin, « National Socialism, World Jewry, and the History of Being: Heidegger's Black Notebooks », *Jewish Review of Books*, L'été, 2014. Wolin cite aussi le parallèle que fait Heidegger avec l'américanisme et toutes les autres associations négatives de *Machenschaft*.

> ceux qui veulent en faire sa philosophie n'y aient alors rien mis d'autre que la « logique » désuète de la pensée commune et de la science exacte, au lieu de comprendre que dès maintenant la « logique » arrive de nouveau dans la détresse et la nécessité et doit prendre une nouvelle source.[197]

Heidegger parle ici contre la barbarie et nous nous rappelons que, depuis des temps immémoriaux, la seule chose nécessaire pour l'instruction, pour l'éducation, pour la formation est d'enseigner *contre* le barbarisme. Pour Adorno, Auschwitz a été la barbarie en fait, et pour lui « la barbarie perdure aussi longtemps que les conditions qui ont permis cette régression persistent. C'est cela l'horreur totale ».[198] C'est en particulier Adorno qui explique que l'on doit enseigner exactement une horreur absolue et indéfectible face à toute violence, à toute forme de terrorisme et à toute lutte anti-terroriste, y compris la torture, les violences contre les personnes (surtout les femmes) et toute violence contre les animaux. Ainsi nous nous souvenons des mots inclusifs et frappants d'Adorno : le 22 Septembre 2001, Derrida avait conclu son propre prix Adorno avec ces mots, des

---

[197] Heidegger, GA 94, *Überlegungen und Winke*, III, § 207, p. 194.

[198] Theodor W. Adorno: « Erziehung nach Auschwitz » (1966), dans *Erziehung zur Mündigkeit, Vorträge und Gespräche mit Hellmuth Becker 1959 – 1969*, édition de Gerd Kadelbach, Francfort-sur-le-Main, 1970, p. 85. « In dieser gesamten Sphäre geht es um ein vorgebliches Ideal, das in der traditionellen Erziehung auch sonst eine erhebliche Rolle spielt, das der Härte. Es kann auch noch, schmachvoll genug, auf einen Ausspruch von Nietzsche sich berufen, obwohl er wahrhaft etwas anderes meinte. Ich erinnere daran, dass der fürchterliche Boger während der Auschwitz-Verhandlung einen Ausbruch hatte, der gipfelte in einer Lobrede auf Erziehung durch Disziplin durch Härte. Sie sei notwendig, um den ihm richtig erscheinenden Typus vom Menschen hervorzubringen. Dies Erziehungsbild der Härte, an das viele glauben mögen, ohne darüber nachzudenken, ist durch und durch verkehrt. Die Vorstellung, Männlichkeit bestehe in einem Höchstmass an Ertragenkönnen, wurde längst zum Deckbild eines Masochismus, der — wie die Psychologie dartat — mit dem Sadismus nur allzu leicht sich zusammenfindet. Das gepriesene Hart-Sein, zu dem da erzogen werden soll, bedeutet leichgültigkeit gegen den Schmerz schlechthin. Dabei wird zwischen dem eigenen und dem anderer nicht einmal so sehr fest unterschieden. Wer hart ist gegen sich, der erkauft sich das Recht, hart auch gegen andere zu sein, und rächt sich für den Schmerz, dessen Regungen er nicht zeigen durfte, die er verdrängen musste » – Theodor W. Adorno: « Erziehung nach Auschwitz » *ibid.*, p. 92.

mots étonnants dont la citation nous demande toujours courage aujourd'hui : « Pour un système idéaliste, les animaux joueraient virtuellement le même rôle que les juifs pour un système fasciste. »[199] Derrida a bien saisi les deux messages que nous enseignait Adorno : le système idéaliste d'Adorno met en jour le fait qu'« insulter l'animal dans l'homme mène toujours à traiter l'homme comme animal. »[200]

En ce sens, Adorno est pour moi le Juif par excellence de Heidegger. Pour toujours et évidemment encore à ce jour présent, au sens de Derrida, Adorno est le moindre — et par cela le plus — juif des Juifs de Heidegger ; il s'oppose à Heidegger et *les* Juifs ; il s'oppose à l'animus de Heidegger pour les Juifs. Nous irons ce soir prendre le déjeuner, un déjeuner où les animaux continueront de jouer pour nous le rôle joué par les Juifs, précisément dans notre insouciance, précisément dans ce que nous supposons aller de soi, sans mention. Nous ne verrons peut-être pas *l'urgence* — le mot d'Adorno est le même que celui de Heidegger, le même que celui de Nietzsche. Il parle d'une *Not*, d'un besoin nécessaire, mais ceci l'entraîne et nous entraîne à ce même « indicible qui a abouti, à un niveau et dans une mesure monde-historique, à Auschwitz. »[201]

Résumé

L'actualité des Juifs de Heidegger démontre que la lecture de Heidegger donne des richesses extraordinaires pour la pensée. Même si nous doutons que l'exigence obligatoire de débattre des

[199] Derrida, *Fichus*, 56. Nous discutons cette note d'Adorno qui fait partie de son *Beethoven* dans Babette Babich, « Adorno on Science and Nihilism, Animals, and Jews », *Symposium: Canadian Journal of Continental Philosophy/Revue canadienne de philosophie continentale*, 2011, vol. 14, n° 1, pp. 110-145 mais voir aussi bien, Babich, « 'The Answer is False': Archaeologies of Genocide », dans Ryan Crawford et Erik M. Vogt (Éds.), *Adorno and the Concept of Genocide*, Amsterdam, Brill, 2016, à paraître.

[200] Derrida, *Fichus*, 56. Pour une discussion, Marie Berne, *Derrida, Eloge de l'idiotie: pour une nouvelle rhétorique chez Breton, Faulkner*, Rodopi, 2009, voir p. 185 et suivantes.

[201] Adorno: « Erziehung nach Auschwitz » – *ibid.*, p. 92 [*Er treibt die Menschen zu dem Unsäglichen, das in Auschwitz nach weltgeschichtlichem Maß kulminierte*].

Cahiers noirs fonctionnerait de la même manière, notre intervention herméneutique a insisté sur la centralité de la lecture *in lento* que nous avons appris de Nietzsche et Heidegger, et que Heidegger, pour devenir Heidegger, a employé dans son travail. Le *lento* est nécessaire pour lire Heidegger.

Aujourd'hui nous lisons trop rapidement, nous lisons comme des *philologues digitalisés* (ou peut-être avons-nous besoin d'un terme plus précis) en chasse pour le texte qui révèle la clé de l'antisémitisme de Heidegger. Car si nous commençons, comme nous le faisons, en parlant comme Peter Trawny de l'histoire mondiale, de l'onto-historique antisémitisme de Heidegger, nous finirons comme nous avons commencé avec une connaissance toute courte de son antisémitisme. Nous sommes tous, comme Adorno et Sartre l'ont souligné, antisémites, que ce soit d'une façon ou d'une autre. Nous sommes tous, comme Heidegger le souligne dans *Être et Temps*, déjà coupables, impliqués à l'avance.

Nous savons qui sont ces Juifs de Heidegger ; nous les condamnons, Hannah Arendt en première ligne, mais d'autres aussi, quand et s'ils ne s'acharnent pas suffisamment à se distancer de Heidegger et à le dénoncer, ce qui a toujours été, comme disent les Allemands, *keine Kunst*. Donc, nous avons surtout perdu la manière de lire qui nous permettrait de lire les *Cahiers*, ceci, comme nous l'avons affirmé, parce que nous considérons comme une distraction le contexte de la préoccupation de Heidegger avec la technique et la science (c'est aussi la raison pour laquelle nous ne lisons pas Anders). Nous commençons donc comme nous finissons : en lecteurs qui se sont passés du contexte.[202] Ceci serait une question de technique,

---

202 Nous mentionnons Silvio Vietta ailleurs. Il s'est en partie distingué par la liaison amoureuse de Heidegger avec sa mère (fait assez commun, comme Vietta me l'a récemment dit), mais bien plus par son travail sur *Heideggers Kritik am Nationalsozialismus and an der Technik*, Tübingen, Niemeyer, 1989. Nous répétons le titre parce que nous avons les deux mots *Nationalsozialismus*, en orthographie complète par opposition à *nazisme*, et *der Technik* — de tels mots nous indiquent ce que l'auteur va faire. Nous connaissons d'avance la politique et si le livre nous offrira ce que nous savons déjà (dans le sens positif de confirmer nos préjugés) ou,

d'une lecture au-delà des clichés de « science allemande » que, encore une fois, Pierre Duhem nous avait montré et qu'aujourd'hui, sans le moindre soupçon pour la signifiance que Duhem trouvait dans la « science française », on sacrifie au dieu de scandale, hélas pour Gaston Bachelard et Michel Serres mais hélas aussi pour l'auteur que nous oublions tout entièrement parce que lui aussi nous ne le lisons pas : Louis Basso.[203] Et notre point ici est que la plupart de nous ne connaîtrons pas son nom. Basso n'est presque pas lu (seulement quelques experts sur Bachelard parviennent rarement à le mentionner), même par les adhérents des réseaux-acteurs (dans un monde qu'on espère être sans français ou allemand, sans Grecs ou Juifs) parce qu'ils ont les mains préoccupées avec Étienne Souriau ; du moins c'est le cas pour Bruno Latour et Isabelle Stengers. Leurs adhérents continuent à lire Gilbert Simondon dans un effort pour retenir Deleuze sur le menu — c'est-à-dire au-delà d'une science allemande colligée ou réduite à une "science juive".

Nous avons à faire au silence non seulement pour les noms réputés insignifiants dans l'académie, mais pour les noms des juifs dans le cercle de Heidegger. Hannah Arendt avait raison de se plaindre, comme nous l'avons fait valoir[204], car beaucoup de ses textes avait inclus en code (mais pas si codés qu'on ne

---

négativement, en nous disant quelque chose qui ne nous intéresse pas, quelque chose de différent de ce qui est quotidien dans les études heideggériennes ou anti-heideggériennes (ces deux champs qui ont vécu côte à côte, depuis, comme nous nous sommes efforcée de le montrer, les années qui suivirent la deuxième guerre). Le livre de Vietta a été traduit en français (mais non en anglais) en 1996 comme *Heidegger, critique du national-socialisme et de la technique*, Pardes, 1996, mais l'édition est maintenant épuisée et donc inaccessible. Elle est épuisée parce que personne ne l'avait lu en 1996 et elle continuera à ne pas être lue. La lecture suit aussi la politique.

203 Louis Basso, « Induction technique et science expérimentale », *Revue philosophique de a France et de l'étranger*, 1925, 99, pp. 41-76. Nous discutons Bachelard et Duhem et les autres de cette constellation dans Babette Babich, « Early Continental Philosophy of Science » (cité ci-dessus).

204 Voir Babich, « Thinking on Film: Jaspers, Scholem, and Thinking in Margarethe von Trotta's *Hannah Arendt* », *German Politics and Society*, Issue 118, vol. 34, n° 1 (Printemps 2016): 77-92 mais aussi Babich, « Jaspers, Heidegger, and Arendt: On Politics, Science, and Communication », *Existenz*, vol. 4, n° 1 (2009): 1-19.

pouvait pas les repérer) des références prévues pour les yeux de Heidegger. Peut-être qu'elle a fait cela dans le seul but de le tester ou pour voir, comme le font des amis qui sont écrivains avec des amis qui sont écrivains dans le même domaine ou qui se chevauchent, pour voir si l'on est lu. Heidegger a échoué à tous les tests d'amour que Hannah Arendt lui a présentés et elle a répondu comme le font les amants, en l'aimant encore et quand même, comme elle a fait valoir dans sa dissertation sur l'amour et saint Augustin : c'est ce que fait l'amour.

Est-ce que la philosophie *aime* toujours, si nous savons qu'elle est réduite à des trivialités analytiques (comme elle l'est trop souvent) ? Si elle est pratiquée par des universitaires, fonctionnaires qui ont perdu leur amour pour la pensée et pour le questionnement, ne pensant qu'au bien des emplois qu'ils occupent ou, et cela vaut pour les jeunes plus que ce qu'ils s'imaginent, qu'ils envisagent d'occuper ou d'organiser ? Dans le sillage de la technique peut-on encore questionner ?

Coda

Pour toute la rage de François Vézin pour que Heidegger cite des noms, Vézin ne commence pas par Sartre, mais Sartre devrait être la référence pour Vézin quand il écrit que l'antisémitisme de Heidegger cependant « n'était pas difficile à deviner ». « Nous nous sommes bouchés les yeux pendent cinquante ans. »[205] Mais il y a des Juifs que Vézin laisse de côté. Si l'on s'engage dans la sphère elliptique du supposé sans importance, il y a aussi Elizabeth Feist Hirsch.[206] C'était Hirsch qui a écrit au *New York*

[205] Vézin compte depuis octobre 1944 avec Sartre. On serait plutôt tenté de fixer l'intervalle à soixante-dix ans (à moins de dire comme lors de mes années en Belgique 'septante') afin de ne pas perdre les deux décennies que, pour une raison, ou une autre Vézin nous soustrait.

[206] Hirsch corrobore dans une perspective contemporaine, tout comme l'avait fait un peu plus tôt Hans Georg-Gadamer, le rapport de Arendt sur Heidegger comme « roi secret de la pensée ». « We were fascinated with Heidegger's new approach to

Times au sujet du « passé nazi de Heidegger, »[207] non pour disculper Heidegger, mais (plus ou moins *a la tedesca*) simplement pour clarifier des méprises dans un article concernant l'athéisme de Heidegger et son amitié/inimitié pour la théologie. Dans sa lettre, elle détaille la question qu'elle lui a posée lors d'une visite à sa maison à Fribourg en 1954. Comme Arendt le fit aussi, elle a repris la langue opaque que Heidegger aimait utiliser pour lui-même, en lui citant sa propre phrase « Aux grandes pensées, de grandes erreurs » (nous traduisons ici la phrase de Heidegger dans son *Aus der Erfahrung des Denkens* : « Wer gross denkt, irrt gross »). Heidegger lui a offert seulement un sourire en réponse mais elle indique également qu'elle lui a suggéré

> de faire une sorte de déclaration sur son passé nazi. Il a demandé, « Mais comment ? » (« *Aber wie?* »). Quand il a finalement écrit à ce sujet, il n'a pas été convaincant, au moins à mon avis. Heidegger s'y identifiait complètement avec son travail philosophique que tout l'extérieur, c'était comme un territoire étranger difficile à gérer.[208]

Comme Arendt (et il n'y a pas d'échange entre les deux), Hirsch n'est pas aussi cavalière que ceux qui insistent sur le fait que Heidegger aurait dû renoncer à son adhésion au parti, étant donné, comme elle le constate, la gravité des conséquences d'une telle renonciation pendant la guerre pour lui, comme pour son famille. La dernière ligne de la lettre de Hirsch annonce une

---

philosophy which he developed in *Being and Time* (*Sein und Zeit*), a book that was published during his years at Marburg. Instead of starting with man as the creator of his world, it was Being (*das Sein*) that in epochal events opens a world for man's consideration. I belonged to a small group of students who were invited by Heidegger for a discussion of phenomenology every two weeks at his house. The sessions always started with Mrs. Heidegger reading a poem. Following the meetings we would have long, animated discussions among ourselves ». (Hirsch, « Autobiographical Sketches », dans Felix E. Hirsch et Elisabeth Feist Hirsch, *Selected Writings*, Germantown, MD, The Franklin Press, 1993, p. 289-324, ici, p. 296).

207 Hirsch, 5 février 1988, lettre à l'éditeur, *New York Times*, 2 mars 1988.

208 *Ibid.*

vérité ontique malheureusement trop quotidienne et de trop bon marché: « Pas tout le monde est né pour l'héroïsme. »[209]

Certains soutiennent de longue date que le « compte de décharge » de Heidegger a réussi, malgré la fragilité relative de la stratégie, non pas conséquent de défenseurs obscurs comme Hirsch mais des célèbres comme Hannah Arendt, elle-même une opposante au nazisme (et bien sûr, si ce n'était pour son évasion en temps opportun de Gers, également une victime potentielle).[210] Ici il reste à souligner que le thème d'une « histoire officielle » n'a jamais été correcte et Heidegger a été attaqué pour aussi longtemps qu'il n'a été défendu — c'est l'une des raisons de mentionner Adorno et l'on pourrait également citer Habermas et Lukács.[211]

Il est probable que, désormais, il n'y aura plus de défenseurs. Heidegger, nous devrions en être uniformément d'accord, devrait être mis à la poubelle ou aux flammes, comme (qu'est-ce que David Hume avait suggéré ?) tous les textes qui portent sur les croyances discréditées, comme toutes les vapeurs et autres. Désormais, et avec de bonnes consciences, nous pourrions alors nous jouir de toute la machination que nous voudrions car la technique et la rationalité devront sûrement nous sauver.

Post Scriptum

Le problème *singulare tantum*, c'est le fait sur lequel Adorno insiste comme celui de la barbarie, c'est que Auschwitz n'est pas

---

209 *Ibid.*

210 Voir entre autres, Gregory Fried, « What Heidegger Was Hiding: Unearthing the Philosopher's Anti-Semitism », *Foreign Affairs*. November/December 2014. Web. Fried a beaucoup plus à dire sur ce sujet mais cette phrase est exacte : « Would an inveterate opponent of the Nazis really have assisted an unrepentant anti-Semite? »

211 Voir ici Richard L. Rubenstein, « The Philosopher and the Jews: The Case of Martin Heidegger », *Modern Judaism*, mai 1989, vol. 9, n° 2, p. 179-196.

quelque chose qui pourrait (ou ne pourrait pas) arriver si dans nos affaires humaines nous nous conduisons ou ne nous conduisons pas tels que nous devrions : Auschwitz *était*, la barbarie *était*, c'est un fait en pierre.

> Si la barbarie, cette ombre épouvantable qui plane sur notre existence, est effectivement le contraire de la culture, il peut être essentiel que les individus soient *débarbarisés*. Débarbariser l'humanité est la condition même de la survie. C'est à cela que doit servir l'école.[212]

Ainsi, le problème est plus sérieux que le fait que Heidegger a réussi à ne pas nommer les noms de ses juifs ou que, pour la majeure partie, sa référence constante était seulement lui-même — la plupart des professeurs, *pace* Vézin, font de même, comme le font en effet tous ceux qui ne se soucient pas de faire des notes en bas de page.

Et en tant que savants nous faisons attention à ceux que nous citons parce que nos citations ne sont que des distractions de ce sur quoi nous voudrions que l'accent soit mis : nous-mêmes, nos propres idées. Alain de Botton ne fait pas de notes — plus que journaliste, il est un auteur populaire ; Bruno Latour les fait, mais il est judicieux à ce sujet (et Žižek a des gens qui le font pour lui et à cause de cela, il a un autre cadre de problèmes). Nous vivons les raisons pour lesquelles nous sommes universitaires — nous l'avons expliqué ci-dessus — et l'analyse de Bourdieu sur la « distinction » académique et le capital intellectuel nous dit pourquoi.

Le problème n'est pas le fait de ne pas avoir nommé des philosophes juifs — le problème est la *Kristallnacht* à Fribourg et partout ailleurs ; le problème est la Shoah ; le problème est

---

[212] Adorno, *Modèles critiques*, Paris : Payot, 1984 (1965), p. 205. « Ich möchte im Grunde mit Erziehung gegen die Barbarei nichts anderes, als daß noch der letzte Halbwüchsige auf dem Land sich geniert, wenn er — was weiß ich — einen Kameraden in einer rohen Weise anstößt oder sich gar gegen ein Mädchen brutal benimmt; ich möchte, daß die Menschen durch das Erziehungssystem zunächst einmal alle mit dem Abscheu vor der physischen Gewalt durchtränkt werden » Adorno, *Erziehung zur Mündigkeit* (Frankfurt am Main: Sukrkamp, 1973), p. 129.

l'Holocauste, le génocide, la perte d'un peuple ; la perte, si nous nous donnons la peine de lire Heidegger, même de *la mort* de ces êtres vivants, puisque celle-ci leur a été prise avec tout ce qui leur a été exproprié, leurs biens, nul accident là, nulle erreur, et nous citons Lacoue-Labarthe hors contexte, précisément en pointe.[213]

> Beaucoup n'arrivent pas à mourir leur propre mort ; d'autres le meurent souvent.[214]

On peut voir ici ce que dit Heidegger comme un argument en support du principe calculateur : l'ennemi de mon ennemi est mon ami. Donc quand Heidegger définit « la force de la machination [*Die Macht der Machenschaft*] » par explication de « la destruction même de l'impiété, l'humanisation de l'homme dans l'animal, l'abus [*Vernutzung*] de la terre, le règlement du monde » (XII, §35, 52) — selon nous, il est à mettre en parallèle avec Adorno qui lui aussi invoque l'argot de l'administration militaire ('liquidation') pour designer la mort de ceux dont l'élimination justifie leur existence.

> Le génocide est l'intégration absolue qui se prépare partout où les hommes sont nivelés, dressés [polis comme on le dit à l'armée] jusqu'à ce que, entorsés au concept de leur complète inanité, on les extermine littéralement.[215]

Adorno n'a pas oublié le contexte de la guerre qui a permis cela, le cadre de l'exception de l'exception, comme dirait Carl Schmitt, l'autorité de la loi militaire, justifiant tous les moyens, et, avec cela, a tout à fait justifié ce que Heidegger décrit dans son récit de *Machenschaft* dans les *Contributions de la philosophie*.

Ce que nous condamnons chez Heidegger est au cœur de cette terrible citation des conférences de Brême, que l'on prétend réprimées, quoiqu'Adorno s'exprime de la même manière à propos des victimes des camps de concentration ; ils sont comme

---

213 Philippe Lacoue-Labarthe, « *Ni* un *accident*, *ni* une *erreur*, » dans *Le Nouvel Observateur*, janvier 22-28 1988, pp. 80-81.

214 Heidegger, GA 96, *Überlegungen*, XII, § 33, p. 51.

215 Adorno, *Dialectique négative*, p. 438.

ceux qui perdent la mort, ils meurent : et maintenant citons Adorno : « ils ne meurent pas. » Et rappelons-nous que Malraux dans ses *Antimémoires* parlait d'une façon similaire. Dans le camp d'internement, le camp de concentration, ce qui est pris de l'individu est sa propre mort, et nous avons — c'est la force de l'analogie de Heidegger avec l'agriculture mécanisée — une analogie à la vie animale, répétée encore et encore comme nous le lisons dans les *Überlegungen*. Ce que nous prenons de tout animal quand nous les, comme on dit, « mettons hors de leur misère », c'est leur vie et leur mort. C'est l'euthanasie : une « bonne » mort pour le vieux, pour les malades, pour les personnes handicapées. *Lebensraum*.

Le condamné à mort est traité de la même manière, comme si nous vivions tous comme dévots d'un culte de Clotho et que nous savions que la seule chose qui ne pourrait jamais être aidée, rachetée, restaurée, est une mort au mauvais moment.[216] Comme Nietzsche nous le rappelle, l'essentiel n'est pas de ne pas mourir mais plutôt de mourir au bon moment.

Le Nietzsche qui disait « qu'importent les mots ? » a également déclaré que « le chrétien est un Juif d'une confession plus large » : les philologues regardent les choses de cette façon. Quarante-quatre ans après la mort de Nietzsche, Sartre écrit « le sang juif retombe sur nos têtes ». Et nous savons, cela fait partie de la dynamique que psychanalyse Sartre, que, juifs ou non, mauvais ou bon juif, ontique ou onto-historial antisémite ou quoi que voudrez, nous sommes antisémites, tous. Même les juifs. N'oublions pas les autres sémites, les palestiniens.

Et la remarque de Nietzsche que nous avons citée ci-dessus souligne que sémite ou non, nous sommes des sémites. Et si nous lisons Adorno, en lisant Nietzsche, nous sommes également, en tant que tels, déjà morts, et comme ceux qui sont attachés à la

---

[216] De la même manière, Adorno écrit : « Enteignet wird das Individuum des Letzten und Ärmsten, was ihm geblieben war. Daß in den Lagern nicht mehr das Individuum starb, sondern das Exemplar, muß das Sterben auch derer affizieren, die der Maßnahme entgingen » dans *Negativ Dialektik*, Suhrkamp Verlag, Francfort-sur-le-Main, 1966, p. 353. (DN 438)

nécessité de poser la question de Heidegger et l'antisémitisme, de Heidegger et les juifs, nous sommes condamnés dans toute ambiguïté à choisir — et c'est aussi le sens d'authenticité — à choisir la vie.

Supplement
Heidegger/Nietzsche

Nietzsches Werke

Taschen-Ausgabe

Band IX

Der Wille zur Macht

Versuch einer Umwerthung aller Werthe

Aus dem Nachlaß 1884/88

Ausführliche Inhaltsangabe
für sämtliche elf Bände der
Taschenausgabe befindet sich
am Schlusse des 11. Bandes

Alfred Kröner Verlag in Leipzig

Le problème de l'œuvre posthume

Lorsqu'un auteur d'une certaine renommée décède, quel sort échoit à ce qu'il n'a pas publié, à ce que les Allemands appellent son *Nachlass*, son « oeuvre posthume » ? J'entreprends ici de comparer le sort de deux oeuvres posthumes — celle de Friedrich Nietzsche et celle de Martin Heidegger. Quel est le statut de ces pages ? Comment comprendre ce vestige littéraire qui reste ouvert à de multiples rédactions, puisque la conclusion d'un éditeur peut toujours être le point de départ d'un autre ?

Introduction : le problème des oeuvres posthumes de Nietzsche

Il est bien connu que le texte de Nietzsche intitulé *La Volonté de puissance* fut composé après sa mort par un groupe d'éditeurs sous la direction de sa soeur. Il est moins connu qu'en 1935 Heidegger fut nommé au conseil de direction de l'édition national-socialiste (censée être « définitive ») des oeuvres complètes de Nietzsche. Walter Otto est membre du conseil d'administration de l'édition critique des oeuvres de Nietzsche en projet à l'époque du national-socialisme à partir de 1933 ; en 1935 il sollicite la participation de Heidegger, ainsi que celle de Hans Heyse et de Max Oehler.[217]

Bien que cette édition ne fût jamais achevée, Heidegger a pu observer comment les éditeurs ont affronté le problème de la disposition des nombreux textes composant les manuscrits restés inédits à la mort de Nietzsche.

Dans ses écrits, Heidegger a toujours insisté sur la prééminence des textes posthumes pour la lecture et

[217] Pour une description sommaire de cette participation, voir David Marc Hoffman, *Zur Geschichte des Nietzsche-Archivs,* Berlin, Walter de Gruyter, 1993, p. 115.

l'interprétation de Nietzsche. De plus, c'est à l'époque de cette édition nationale-socialiste qu'il composait son cours de lectures sur Nietzsche. Il soutenait que confondre les écrits posthumes avec le texte de *La Volonté de puissance* pourrait donner une impression tout à fait fausse de la pensée et des intentions de Nietzsche.

Et il s'est rendu compte que ses coéditeurs allaient reproduire dans leur édition les méprises qu'il trouvait caractéristiques de *La Volonté de puissance.* Heidegger démissionna du groupe.

L'expérience toutefois lui pose une question importante: quel allait être le sort de son propre « *Nachlass* » ? Par cette expérience Heidegger avait affronté les instances qui contrôlaient la publication de l'héritage d'un auteur, un contrôle s'exerçant même sur un auteur d'une puissance stylistique aussi considérable que celle de Nietzsche.

Comme d'habitude, Heidegger, toujours conscient de sa position dans l'histoire, en tire un parallèle bien personnel. Il y répond en composant ce qui pourrait être considéré comme ses propres « oeuvres posthumes ».

Selon mon interprétation, et dans la mesure où cet ouvrage pourrait revendiquer le statut d'héritage *autorisé* de Heidegger, les *Contributions* ont pour intention de limiter la vulnérabilité de Heidegger aux manipulations éditoriales. Soucieux de sa réputation posthume, et pour éviter le sort de Nietzsche, il désire se faire lui-même l'éditeur de son *Nachlass.* Pour moi, les *Contributions* sont donc l'essai fait par Heidegger de controller son sort posthume: un effort, nous le verrons, qui se révéla vain[218]. Malgré ses efforts, les *Contributions* deviennent bien

---

[218] Bien que la relation de Heidegger avec Nietzsche soit clairement consignée dans les textes de Heidegger, à partir de *Être et Temps*, mais surtout dans les textes postérieurs et en particulier dans *Beiträge zur Philosophie (Vom Ereignis)* [Gesamtausgabe 65, Friedrich-Wilhelm von Herrmann, éd., Frankfort a/Main, Vittorio Klostermann, 1989], cette relation n'est que rarement mentionnée dans les commentaires récents sur les *Contributions.* De même, à l'exception notable de Dominique Janicaud, jusqu'ici la plupart des commentaires sur les *Contributions* s'abstiennent d'une

effictivement un sort de « mélivre ». Et cette question concernant le statut de ces publications posthumes demeure en jeu pour toute herméneutique possibles que je soulève cette question en ce qui concerne les cahiers noirs. [219]

Si les *Contributions* sont son « oeuvre posthume », il s'ensuit qu'en tant qu'oeuvre elle est destinée à rester *inédite* durant sa vie[220]. Cette lecture est attestée par l'épigraphe (en forme de vers) que Heidegger appose aux *Contributions,* laquelle épigraphe précise ce geste de rétention :

> *Ici, ce qui dans une longue hésitation*
> *a été restreint en ébauche*
> *devient un arrangement réglementé*[221]

Cette « rétention » proclamée du texte est loin d'être absolue, puisqu'au fil des années Heidegger signale ouvertement l'existence de ses *Contributions* à divers chercheurs, dont en particulier Otto Pöggeler. Il semble même qu'à travers l'essai « *Ereignis* » de Pöggeler, publié en 1959 et consacré au thème des *Beiträge zur Philosophie (Vom Ereignis)* [*Contributions en philosophie (De l'événement)* ou, selon la traduction de François

---

réflexion sur la question de la science et de la technologie, une question pourtant cruciale pour Heidegger tout au long de sa vie. Et bien que des chercheurs tels que Janicaud mais aussi Reiner Schürmann, Michel Haar et Jacques Taminiaux aient lu Heidegger dans la perspective de sa relation avec la pensée de Nietzsche (ce qui n'a rien d'une sinécure, étant donné la complexité de cette entreprise, relation que j'ai mise en évidence dans « Poesie, Eros und Denken bei Nietzsche und Heidegger : Heideggers Nietzsche-Interpretation aus der Sicht der Nietzsche-Forschung », *Heidegger und Nietzsche. Heidegger Jahrbuch 2*, Freiburg im Breisgau, Alber, 2005, p. 239-264, et, bien que certains d'entre eux, Janicaud surtout, aient tenté de lire Heidegger du point de vue de son intérêt pour la science et la technologie, non seulement de telles recherches sont loin de constituer la règle dans les interprétations de Heidegger, mais il est plus rare encore qu'une attention soit portée à la pertinence de la pensée de Nietzsche pour celle de Heidegger, *en même temps* qu'à la pertinence de la science pour l'ensemble de la pensée de Heidegger. Ce lien entre Nietzsche et la science est pourtant établi par Heidegger lui-même.

219 Voir Babich, « Heidegger's Black Notebooks: The Nachlaß and Its Wirkungsgeschichte » dans Ingo Farin et Jeff Malpas (Éds.), *Reading Heidegger's Black Notebooks: 1931-1941*, Cambridge, MIT Press, 2016 (8 December 2015), p. 59-86.

220 Voir aussi mon livre *Words in Blood, Like Flowers*, chapitre quatorze.

221 Heidegger, *Beiträge zur Philosophie (Vom Ereignis),* p. xvii, épigraphe, ma traduction.

Fédier : *Apports à la philosophie. De l'avenance*],[222] Heidegger établisse d'avance une interprétation de sa seconde oeuvre « majeure »[223]. Cette idée est également manifestée par les substantielles références explicites aux *Contributions*[224] faites par Pöggeler dans *Der Denkweg Martin Heideggers,* publié en 1963 (c'est dans ce livre qu'il désigne les *Contributions* comme la « seconde oeuvre capital » de Heidegger)[225]. Cette désignation, notons-le, est en contradiction ouverte avec une affirmation de 1991 selon laquelle « Heidegger n'a jamais parlé de cette oeuvre, même avec ses étudiants les plus proches »[226]. Élargissons ces réflexions sur le sort de l'oeuvre posthume par un examen plus détaillé de *La Volonté de puissance* de Nietzsche.

L'édition originale du *Wille zur Macht,* 1884/88. *Versuchung einer Unwertung aller Werthe*[227] comprenait 483 extraits (ou « aphorismes », mais le terme ne va pas sans problèmes[228]) tirés

---

222 Voir ici, pour une traduction, Heidegger, *Apports à la philosophie. De l'avenance*, trad. de l'allemand par François Fédier, Paris, Gallimard, 2013 ; cité dans le texte à suivre, dans sa forme abrégée, comme *Contributions.*

223 Otto Pöggeler, «Sein ais Ereignis », *Zeitschrift far philosophische Forschung,* 13/4, 1959, p. 599-632, traduction anglaise par Rüdiger Hermann Grimm, « Being as Appropriation », *Philosophy Today,* 19, 2-4, 1975, p. 152-178.

224 Otto Pöggeler, *Der Denkweg Martin Heideggers*, Pfullingen, Neske, 1963, p. 115-116.

225 Pöggeler, *Der Denkweg Martin Heideggers,* p. 1.

226 Ibid. La manière dont Pöggeler fait allusion au sous-titre des *Beiträge* dans son premier livre, *Der Denkweg Martin Heideggers*, laisse pour le moins supposer de sa part une certaine familiarité avec l'épigraphe elliptique de Heidegger, à propos des remerciements à ce qui restait sans être dit, comme ce qui était à dire dans l'avenir, et qui répond donc à ce qui est promis mais non déguisé » (voir *Das Ereignis*, p. 228).

227 Cette édition sort chez C. G. Naumann à Leipzig. Les éditions suivantes sont de Kroner Verlag, entre autres ; l'une des plus récentes est de l'éditeur Volmedia, à Paderborn, 2007.

228 En effet, qu'est qu'un aphorisme? Heidegger nous avertit ciuc le caractère fragmentaire de *La Volunté de puissance* met le lecteur à l'épreuve précisément parce qu'il comprend des « simples fragments, purement ébauchés, et des fugitives remarques », aussi bien que de véritables « „aphorisms" soigneusement élaborés. » Cf. Heidegger, *Nietzsche I,* p. 19. Pour Heidegger, un aphorisme n'est pas une « notation rapide ou brève » mais doit être compris rigoureusement comme « une sentence, un énoncé, en soi purement délimités par rapport à toute chose inessentielle, ne délimitant que de l'essentiel. » (Ibid.) Á propos des risques dans la tendance moderne de confondre les aphorismes avec des fragments, voir mon texte « The Genealogy of Morals and Right Reading: On the Nietzschean Aphorism and the

des carnets inédits de Nietzsche. Elle fut publiée en 1901, donc un an après sa mort, comme le volume XV d'une édition de ses oeuvres, projet géré par sa soeur, Elisabeth Förster-Nietzsche[229].

Art of the Polemic », dans Christa Davis Acampora, éd., *Nietzsche's On the Genealogy of Morals*, Lanham, Rowman & Littlefield, 2006, p. 171-190.

229 Les éditions sont les suivantes : Friedrich Nietzsche, *Der Wille zur Macht. Versuch einer Umwerthung aller Werthe (Stüdien und Fragmente)*, Leipzig, C. G. Naumann, 1901, Peter Gast [Heinrich Köselitz] et Ernst & August Horneffer, éds., préface par Elisabeth Förster-Nietzsche; Elisabeth Förster-Nietzsche & Heinrich Köselitz, éd., *Nietzsche's Werke: Taschen-Ausgabe: Der Wille zur Macht. 1884/88. Versuch einer Umwerthung aller Werthe*, Leipzig, C. G. Naumann Verlag, 1906, Vol. IX [1067 aphorismes]. En 1911, Otto Weiss y ajouta un appareil critique dans le *Großoktav-Ausgabe*, Leipzig, Naumann-Kröner 1894-1913. En plus il y a Max Brahn, éd., Nietzsche, *Der Wille zur Macht. Eine Auslegung aller Geschehens*, Leipzig, Kroner, 1917[1921], [696 aphorismes] ; August Messer, éd., Nietzsche, *Der Wille zur Macht*, Leipzig, Kröner, 1930 [491 aphorismes]. *La Volonté de pouvoir* apparait aussi dans les volumes 18 et 19 du *Gesammelte Werke*, Munich, Musarion Verlag, 1920-29, 23 volumes. Cette édition fut dirigée par Richard et Max Oehler avec la participation de Friedrich Würzbach. Dans sa capacité d'éditeur des volumes de *La Volunté de puissance* Würzbach avait demandé de consulte les manuscrits mais Elisabeth Förster Nietzsche l'avait informé que le texte établi en 1906/ 1911 était définitif. Voir Carol Diethe, *Nietzsche's Sister and the Will to Power: A Biography of Elisabeth Förster-Nietzsche*, Champaign, University of Illinois Press, 2007, p. 145 et suiv. Stephan Günzel examine la question de l'accès de Würzbach aux archives dans le contexte d'une discussion du philosophe nazi Carl August Emge, dans Klaus-Michael Kodalle, Christian Danz, éd., *Angst vor der Moderne. Philosophische Antworten auf Krisenerfahrungen. Der Mikrokosmos Jena 1900-1940*, Wurzbach, Königshausen und Neumann, 2009, p. 157-182, ici p. 163-166. Voir aussi et encore Hoffmann, *Zür Geschichte des Nietzsche-Archivs*. En général quand on parle du *Wille zur Macht*, on parle de l'édition de 1906. Cependant, bien que celle-ci ait été traduite dans de nombreuses langues, elle n'a pas été traduite en français. Pour l'histoire de tout ceci voir Mazzino Montinari, « Nietzsches Nachlaß von 1885 bis 1888 oder Textkritik und Wille zur Macht, » dans Montinari, *Nietzsche Lesen*, Berlin, de Gruyter, 1982; voir aussi Montinari, *« La volunté de puissance n'existe pas. »* trad. Patricia Farazzi et Michel Valensi, Paris: Èditions de l'Èclat, 1996 aussi bien que Richard Roos, « Les derniers écrits de Nietzsche et leur publication », *Revue de philosophie*, 146, 1956, p. 262-287, et plus récemment Thomas Brobjer, « Nietzsche's *Magnum Opus* », *History of European Ideas*, 32, 2006, p. 278-294. Brobjer se trompe quand il prétend dans une note ii la page 279 que c'est la version 1906 qui est traduite en français. Les editions modernes du Nachlass sont Friedrich Nietzsche, *Kritische Studienausgabe*, Giorgio Colli and Mazzino Montinari, éds., Berlin, de Gruyter, 1980, 15 vols. (KSA) ; Nietzsche, *Kritische Gesammtausgabe*, Colli et Montinari, éd., Berlin de Gruyter, 1967 et suiv. Voir la biographie de Curt Paul Janz, *Friedrich Nietzsche* (1978, seconde edition 1993), 3 vols. Voir aussi le texte de Marc de Launay, « Le statut de la volonté de puissance

Les 483 sélections et le cadre de la première édition furent supervises par Förster-Nietzsche, choisies et éditées par Peter Gast (Heinrich Köselitz, l'ami et l'amanuensis de Nietzsche, qui connaissait bien son style et son écriture) et les frères Ernst et August Horneffer. Les deuxième et troisième éditions (1906, 1911), aussi éditées par Gast, furent élargies et comprennent désormais 1067 sélections. L'édition de 1911 contient un appendice philologique composé par Otto Weiss. Dans l'édition dite Musarion (*Gesammelte Werke* : 1920-1929), dirigée par Friedrich Würzbach, le texte de 1911 est repris, mais les notes de Weiss sont abandonnées. En revanche, chaque selection est désormais datée.

En français toutefois, *La Volonté de puissance* existe sous deux forms différentes de celles en allemand ou anglais, lesquelles tiennent la version 1906 pour définitive. La première traduction française, *La Volonté de puissance*. Essai d'une transmutation de toutes les valeurs, fut réalisée par Henri Albert : elle est fondée sur l'édition de 1901[230]. La deuxième, plus connue, est celle de Geneviève Bianquais, rédigée à partir d'une sélection réalisée parmi les 2307 « aphorisms » arrangés par Friedrich Würzbach[231].

Würzbach ne fut pas le seul à ajouter des variantes au texte « original ». L'édition que fit Alfred Baeumler pour le Kroner Taschenausgabe comprenait non seulement *La Volonté de puissance* mais deux volumes supplémentaires avec des extraits organisés par thèmes sous le titre *Die Unschuld des Werdens* [*L'Innocence du devenir*].

---

dans l'oeuvre publiée de Nietzsche », *Nietzsche*, *Cahiers de L'Herne*, N° 73, Paris, 2000, p. 339-360.

230 Voir *La Volonté de puissance*, dans les *Œuvres complètes de Frédéric Nietzsche*, vol. 13 (tomes 1 et 2) publiées sous la direction de Henri Albert, Paris: Société du Mercure de France, 1903. Les traductions Albert sont aujourd'hui disponibles en Livre de Poche, Paris, Librairie générale française, 1991.

231 Nietzsche, *La Volonté de puissance*, Paris: Gallimard, 1935, 2005. Le livre de Würzbach, finalement publié en allemand, s'intitulait non *Die Wille zur Macht* mais *Das Vermächtnis Friedrich Nietzsches. Versuch eine neuen Auslegung allen Geschehens und einer Umwertung aller Werte*, Salzburg, Pustet, 1940.

Chaque édition de Nietzsche, y compris la contemporaine qu'ont commence en 1967 les germanistes italiens Giorgio Colli and Mazzino Montinari chez de Gruyter[232], a été l'objectif de sévères critiques au point que l'idée même de l'existence d'un « oeuvre »de Nietzsche a été remise en question[233]. L'affaire est devenue si compliquée et controversée qu'on publie maintenant une transcription littérale des pages de Nietzsche (in-folio), lesquels livres sont accompagnés de reproductions photographiques sur CD[234].

L'accès du lecteur aux textes de Nietzsche est donc façonné par plusieurs problèmes. Comme je l'ai indiqué ci-dessus, une note ou une remarque que Nietzsche a inscrite dans un de ses carnets ne constitue pas de ce fait un aphorisme. Nietzsche n'est pas auteur de ces notes, bien contre Heidegger, dans le même sens qu'il est auteur des textes qu'il a publiés[235]. Deuxièmement,

---

232 Repris en français chez Gallimard.

233 Pour une défense de « l'oeuvre », voir Wolfram Groddeck, « "Aufsatz", "Vorstufe" und "Fragment" (bei Nietzsche) (Zur Problematik einer traditionellen textkritischen Unterscheidung in der Nietzsche-Philologie) », dans Martin Stern et al., *Text-konstitution bei mündlichen und bei schriftlicher Überlieferung Basler Editoren-Kolloquium 19.-22. März 1990, autor und werkbezogene Referate*, Tübingen, Niemayer, 1991. Voir aussi Werner Stegmaier, « Nach Montinari. Zur Nietzsche Philologie », *Nietzsche-Studien*, 36, 2007, p. 80-94.

234 Cette édition reproduit les cahiers posthumes de Nietzsche. Voir Nietzsche, W*erke. Kritische Gesammtausgabe,* établi par Giorgio Colli et Mazzino Montinari, et continue par Volker Gerhardt; Norbert Miller; Wolfgang Müller-Lauter; Karl Pestalozzi chez le Berlin-Brandenburgischen Akademie der Wissenschaften [environ 40 volumes in 9 Divisionen] *Abteilung 9: Der handschriftliche Nachlaß ab Frühjahr 1885 in differenzierter Transkription nach Marie-Luise Haase und Michael Kohlenbach*, Marie-Luise Haase et Martin Stingelin (éds), Berlin, de Gruyter, 2004-2007, vols 4-7. Voir M. Mette et H. Joachim, « Der Handschriftliche Nachlass Friedrich Nietzsches », *Sechste Jahresgabe der Gesellschaft Freunde des Nietzsche Archivs* (Leipzig, Richard Hadl, 1932) et aussi Beat Röllin et René Stockmar, « "Aber ich notire mich, für mich", Die IX. Abteilung der Kritischen Gesammtausgabe von Nietzsches Werke », *Nietzsche-Studien*, 36, 2007, pp. 22-40 et Marie-Luise Haase, « Excursion in das Reich der Tintenfische und Feder-Füchse. Ein Werkstattbericht zur Edition von KGW IX », *Nietzsche-Studien*, 36, 2007, p. 41-47. Etc.

235 Il s'agit ici d'un problème stylistique très compliqué. Ce qui fut l'occasion de plusieurs accusations de plagiat à l'encontre de Nietzsche (soit Emerson, Hölderlin, Lange, le Nouveau Testament, Wagner, etc). Pour une discussion détaillée, voir Babich, « Philology and Aphoristic Style: Rhetoric, Sources, and Writing in Blood», dans *Words in Blood, Like Flowers*, pp. 19-36 et aussi « Nietzsche et Eros entre le

le fait d'arranger les sélections dans un certain ordre produit nécessairement des effets de résonance, lesquels peuvent être ou non ce que Nietzsche aurait lui-même voulu. Dernièrement, nous savons que les différents éditeurs ne furent pas toujours d'accord dans leurs choix et que le texte résultant est donc souvent un compromis.

Même si Elisabeth Förster-Nietzsche ne fut pas l'éditrice de ces diverses éditions, elle fut tout de même l'instigatrice et la directrice du projet. Elle en est donc l'auteur juridique de l'oeuvre et détient le droit d'auteur. C'est Ernst Horneffer qui nous informe que ce fut Förster-Nietzsche qui donna le titre « La volonté de puissance » à un texte qu'il avait pensé intituler *Unveröffentlichtes aus der Umwertungszeit* [*Inédits de la période de réévaluation*)[236]. Il est donc établi que malgré le fait que Nietzsche projeta un livre dont un des titres possibles fut Umwertung aller Werte [*Réévaluation de toute valeur*], qu'il semblait préférer à « *La volonté de puissance* », le livre, *La Volonté de puissance,* ne peut pas être considéré comme son ouvrage capital ou *Hauptwerk,* de la même façon que l'on peut tenir *La Critique de la raison pure* de Kant ou *Être et le temps* de Heidegger pour le livre le plus important de son auteur. La raison en est toute simple : Kant et Heidegger furent eux-mêmes les auteurs de leurs livres dans le sens, tout les sens, où Nietzsche ne fut pas l'auteur de *La Volonté de pouvoir.* Cependant — et l'ironie est forte — *La Volonté de puissance* est un titre d'une renommée mythique. C'est le livre le plus épais et le plus connu de l'oeuvre de Nietzsche. Le plus épais: en comparaison des autres volumes que publia Nietzsche, *La Volonté de puissance* est au moins deux fois plus épais. Comme nous l'avons vu, les divers éditeurs l'ont systématiquement augmenté entre 1901 et l'édition de Wurzbach-Bianquais de 1935. La traduction anglaise de Walter

---

gouffre de Charybde et l'écueil de Dieu: La valence érotique de l'art et l'artiste comme acteur – Juif – Femme" trad. fr. de Isabelle Wienand dans *Revue Internationale de Philosophie*, 211/1 (2000): 15-55. Voir en plus, Holger Schmid, *Kunst des Hörens: Orte und Grenzen hermeneutischer Erfahrung*, Cologne, Böhlau, 1999.

236 Ernst Horneffer, *Nietzsches letztes Schaffen. Eine kritische Studie*, Iena, E. Diederichs, 1907.

Kaufmann (et R.J. Hollingdale) comprend 605 pages. Dire que le livre de Nietzsche est « le plus épais » n'est pas une plaisanterie. C'est justement en présentant au monde un livre monumental, dans la tradition bien allemande des livres monumentaux, que l'équipe Förster-Nietzsche/Gast/Horneffer a voulu imprimer sa marque à la réputation de Nietzsche.

De plus, c'est le livre le plus *connu : La Volonté de puissance* reste un livre notoire, qu'on l'ait lu ou non. Le titre lui-même atteste l'influence de la pensée de Nietzsche sur l'ère historique pendant laquelle celle-ci fut liée au nazisme. Ce n'est pas un hasard si Leni Riefenstahl a intitulé son film de 1935 *Triumph des Willens [Le Triomphe de la volonté].*

L'éclat scintillant du nom de Nietzsche a suscité une importante série de livres cherchant « l'éthique » de Nietzsche dans « la volonté de puissance ». Comme Nietzsche navait j'amais préparé un texte pour publication, il allait de soi que le sort du livre dépendrait des caprices, des erreurs et des interprétations des différents éditeurs. Il est donc significatif qu'en français l'édition contemporaine se présente sous la forme de deux grands volumes comprenant 2387 aphorismes.

L'éditeur de Gallimard y annonce dès la première page (bien apres Montinari et même Heidegger) que « La volonté de puissance n'a jamais été un livre. » Mais c'est aussi le cas, comme le rappelle Heidegger, et c'est l'essentiel, que *tous les mots ont été écrits par Nietzsche.* Comme l'indique encore Heidegger, Nietzsche lui même avait projeté un *Hauptwerk,* son chef-d'oeuvre ; et un plus il avait préparé des pages de titre avec des bordures en filigrane (je les ai consultées moi-même à Weimar). De telles préparations sont normales dans une collection de notes et de plans : ce qui est clair est qu'il *projetait* un livre de grande importance, eut-être même un livre avec le titre *« La volonté de puissance »*[237].

---

[237] Thomas Brobjer prétend que les commentaires sur Nietzsche ont ignoré le fait que Nietzsche voulait écrire ce que Brobjer nomme un *Magnum opus.* Voir, encore, Brobjer, « Nietzsche *Magnum opus* ». Mais réclamer cela, c'est ignorer que Heidegger

Tous ces faits et dangers sont présents à l'esprit de Heidegger lorsqu'en 1935 il démissionne du groupe des éditeurs. Passons maintenant à la question tion du statut de l'auteur d'une oeuvre posthume. Quelle est la relation entre l'auteur et un volume assemblé de textes éparpillés qu'il aurait laissés pour après sa mort, son « *Nachlaß* ». Ma propre lecture est donc que Heidegger compose ses *Contributions* sur le modèle de *La Volonté de puissance,* un livre qu'on aurait pu appeler les *Contributions à la philosophie* de Nietzsche, si seulement ce dernier avait *lui-même* écrit un livre ainsi intitulé et l'avait prepare pour publication (car, pour Nietzsche, la préparation d'un texte pour publication faisait partie intégrante de la rédaction du livre). D'autres modèles existent[238], mais il n'est pas indifférent que les écrits de Nietzsche publiés sous le titre de *La Volonté de puissance* soient tirés de ce même *Nachlaß* ou oeuvre posthume que Heidegger célèbre dans ses cours comme constituent le coeur de la philosophie de Nietzsche. Il n'est pas non plus indifférent que dans *Introduction à la métaphysique* Heidegger présente ce même livre qui n'existe pas, *La Volonté de puissance,* comme « l'ouvrage capital [*Hauptwerk*] » de Nietzsche[239].

Ainsi le premier cours de Heidegger sur Nietzsche, délivré au moment de la rédaction de ses *Contributions* (dans le cadre de

(et bien sûr: d'autres) ont écrit sur ce sujet. Voir en particulier ce que Heidegger affirme tout au début des deux volumes présentant ses cours de 1936-1940, en commençant avec le cours « La volonté de puissance en tant qu'art », où il nous parle très exactement de « l'ouvrage capital que Nietzsche a projeté et préparé des années durant, sans aboutir à son exécution », Heidegger, *Nietzsche I,* p. 14.

238 *Der Mensch und die Technik* de Spengler porte le sous-titre de *Beiträge zu einer Philosophie des Lebens*, Munich, Beck, 1931. Heidegger cite ce texte (avec hostilité) dans son cours de 1942-1943 sur Parménide.

239 Heidegger, *Introduction à la métaphysique,* trad. C. Kahn, Paris, Gallimard, 1967, p. 202. Il est notoire que Heidegger parle aussi de ces mêmes sources inédites comme étant l'expression de la « véritable » philosophie de Nietzsche. Heidegger, *Nietzsche* trad. de Pierre Klossowski, Paris, Gallimard, 1961, en deux volumes, en particulier volume 1.

cette série de cours que Heidegger, de manière notoire — et, pour beaucoup, peu plausible — présentecomme inaugurant sa résistance au national-socialisme), contient une reflexion sur la notion insaisissable d'Ereignis.

Le terme *d'Ereignis* est notoirement difficile à traduire dans un context heideggerien, et plusieurs traductions alternatives en ont été proposées : *événement, appropriation, occasion, éventualité, avenance,* y compris en anglais *l'e-vent* [*événement*] de le père William J. Richardson, SJ, *émergence,* et aussi de manière plus métonymiquement ambivalente, *emergency* [*urgence*] par Richard Polt[240].

Dans son cours sur Nietzsche, Heidegger présente *Erezgnis* comme l'équivalent du « nihilisme », plus particulièrement comme « l'événement du nihilisme »[241], nihilisme dont Heidegger affirme d'une manière polémique qu'il constitue le point focal de la pensée de Nietzsche en tant que telle[242]. Comme le remarquent Otto Pöggeler et D. F. Krell, l'expression « événement du nihilisme », présente quatre fois dans ce

---

240 Cf. ci-dessus, ainsi que la présentation faite par Poggeler lui-même de la raison pour laquelle Heidegger écrit les *Beiträge* à la suite des événements de 1933-1934, dans *Neue Wege mit Heidegger,* « Als er sich auf seine philosophische Arbeit zurückgeworfen sah, schrieb Heidegger in den Jahren 1936-1938 sein zweites Hauptwerk », p. 11. Maintenant, compte tenu de la récente publication des *Cahiers Noirs*, les *Contributions* de Heidegger peuvent ne pas avoir été les textes auxquels Heidegger se référait. Voir aussi William J. Richardson, S.J. *Heidegger Through Phenomenology to Thought,* New York, Fordham University Press, 2003 [La Haye 1963], p. 612, et Richard Polt, *The Emergency of Being: Heidegger's Contributions to Philosophy*, Albany, Cornell University Press, 2006.

241 Heidegger écrit: « L'une des formules essentielles propres à caractériser l'événement de nihilisme déclare : Dieu est mort ... Par nihilisme, Nietzsche entend l'événement que constitue le fait historial, que les suprêmes valeurs se dévaluent, que tout but est anéanti, que tous les jugments de valeurs se contredisent. » Heidegger, *Nietzsche I,* trad. Pierre Klossowski, Paris, Gallimard, 1971, p. 144. Voir aussi l'introduction d'Alfredo Guzzoni à la conférence *« Temps et Être »* à Todtnauberg du 11 au 13 Septembre 1962, traduit par J. Lauxeroi et C. Roëls dans *Heidegger, Questions IV,* p. 52-97. Cf. *Zur Sache des Denkens,* Tübingen, Niemayer, 1969, p. 46.

242 Le lien établi entre Heidegger et Spengler dans le cours de Heidegger sur Nietzsche mérite considération.

paragraphe et dans les suivants[243], constitue peut-être l'emploi le plus ancien du terme *Ereignis* dans les *publications* de Heidegger, ce qui est à rapprocher du fait que le cours sur Nietzsche est bien entendu contemporain de la composition des *Beitrage zur Philosophie. Vom Ereignis* [*Apports à la philosophie. De l'avenance*].

D'un point de vue *substantif,* et dans la mesure où ce texte examine les questions de la puissance [*Macht*] et de la domination [*Machenschaft*] de manière explicite et politique, *Contributions* peut aussi être considéré, avec ce même caractère explicite, comme *La Volonté de puissance* de Heidegger[244]. Ainsi Heidegger considère le concept de puissance politique en termes globaux ou proprement géographiques[245]. Pour Heidegger c'est la « machination » qui illustre le caractère de la modernité, qui, selon lui et conformément à l'historicisme de Nietzsche, constitue un cadre déjà forgé et déterminé au XIXe siècle (cf. B § 102). Il existe donc un parallèle thématique entre les *Contributions* et ce que Heidegger tient pour le coeur de la pensée de Nietzsche.

Dans les *Contributions,* Heidegger tend consciemment (ou inconsciemment) à s'approprier le style de Nietzsche — tentation à laquelle reste sensible tout lecteur de Nietzsche. Cependant, poser la question de la rencontre de Heidegger avec la pensée de Nietzsche à la fois en termes de substance et de

---

243 Voir les notes du traducteur, D. F. Krell, dans Heidegger, *Nietzsche: Volume I: The Will to Power as Art*, San Francisco, Harper & Row, 1979, p. 156-158. Voir aussi (et encore) Pöggeler, « Sein als Ereignis » et *Der Denkweg Heideggers.*

244 Pour une autre approche, voir la lecture complexe et marquante de Reiner Schürmann, « A Brutal Awakening to the Tragic Condition of Being: On Heidegger's *Beiträge zür Philosophie »,* trad. de Kathleen Blamey dans Karsten Harries et Christopher Jamme (éds) *Heidegger: Politics, Art, and Technology*, New York, Holmes and Meier, 1994, p. 89-105.

245 On ne peut pas ignorer les implications politiques et éthiques du choix fait par Heidegger de ne pas avoir publié les *Beiträge* (ou bien des *Cahiers Noirs*), ni au moment de sa rédaction, ni plus tard (mais au cours de sa vie). Le manque d'action politique (et de courage) manifesté par cc choix est indéniable. La perspicacité politique de ce texte n'en reste pas moins frappante. Voir aussi mon « Heidegger's Silence: Towards a Post-Modern Topology », dans C. Scott et A. Dallery (éds) *Ethics and Danger,* Albany, State University of New York Press, 1992, p. 83-106.

stylisation explicite revient à poser la question plus complexe du style en tant que tel dans l'oeuvre propre de Heidegger. La plupart des études philosophiques de Heidegger évitent de prendre en compte la question du style de ses écrits, mis à part un préjugé général d'obscurité perçue soit comme accablante — voir la « réponse de Gilbert Ryle »[246], qui a déjà été cité et a été très classiquement exhumée par Simon Blackburn[247] — soit comme précisément libératrice, dans la mesure où elle offre un matériau apparemment inépuisable à une vaste industrie de visée explicative et / ou réhabilitatrice (sauvetage des « bons morceaux » et par là même construction d'un Heidegger politiquement corrigé ou même d'un Heidegger, comme d'un Nietzsche, prêt à « analyser »)[248].

L'édition « *Letzter Hand* »

S'il est exact que le projet de Heidegger est que ses *Contributions* fassent partie de l'édition « *Letzter Hand* », c'est-à-dire (encore une fois) conforme à l'intention dernière de l'auteur, il est paradoxal que cette oeuvre n'ait pas été publiée en tant que telle (et si les désirs de Heidegger avaient été respectés, ses *Contributions* seraient encore inédites, car il avait souhaité qu'elles ne paraissent qu'après l'achèvement de l'édition complète de ses oeuvres déjà publiées et de ses cours magistraux.

---

246 Dans un texte qui reprend la question persistante de Heidegger et le nazisme, Robert Bernasconi cite la remarque de Gilbert Ryle en 1960, donc quinze ans après la fin de la guerre: « Heidegger. Can't be a good philosopher. Wasn't a good man » « Ne peut pas être un bon philosophe; Ne fut pas un homme bon. » Pour les références, voir ci-dessus et pour discussion, en plus, voir Babich, « The Ethical Alpha and Heidegger's Linguistic Omega », chapitre 13 dans Babich, *Words in Blood, Like Flowers*.

247 Simon Blackburn, « Enquivering », *The New Republic,* 30 octobre 2000.

248 Voir Babich, *La fin de la pensée? Philosophie analytique contre philosophie continentale,* Paris: L'Harmattan, 2012.

Son éditeur, Friedrich-Wilhelm von Hermann, nous informe que durant l'intervalle entre 1939 et sa mort en 1976 Heidegger laissa le texte qu'il avait compose et organisé *sans modeffier l'ordre d'ensemble* du manuscrit (ni de sa version dactylographiée). Cependant, ce dont nous disposons aujourd'hui dans les éditions allemandes aussi bien qu'anglaises n'est rien moins qu'une reorganization assez radicale de l'ordre ou de la disposition des sections des *Contributions*[249].

La section L'*Êstre* [*Seyn*], déplacée de sa position d'origine à la suite du prélude, constitue maintenant, après ce qu'on pourrait appeler le « derangement » de l'éditeur, la huitième et que ce serait la dernière section du texte. D'une façon manifeste, cette transposition transforme radicalement l'organisation de l'oeuvre. Plutôt que de terminer, comme le suggère le projet de Heidegger, par le *dernier dieu* (B §§ 1, 23, 34, 39, 42, 43)[250], cette section se trouve désormais déplacée de sa position ultime.

Ce déplacement est tout simplement réalisé par simple décision des éditeurs. Les *Contributions* se concluent maintenant de manière définitive par L'*Êstre* [*Seyn*]. Dans la mesure où elle apporte la confirmation d'une rupture entre le Heidegger d'*Être et Temps*, dit « Heidegger Un », et un supposé « Heidegger Deux »[251], cette conclusion est conforme à certaines expositions interprétatives de la pensée de Heidegger. En revanche, cette interprétation *obscurcit* le problème central que pose pour Heidegger la réception d'*Être et Temps* par ses lecteurs (problème que l'on peut considérer comme constituent la substance même de L'*Êstre* [*Seyn*]).

---

249 Friedrich-Wilhelm von Hermann, « Nachwort des Herausgebers », dans Heidegger, *Beiträge*, p. 511-521.

250 Heidegger donne ceci comme plan des *Apports à la philosophie : De l'avenance* — « der Anklang/ das Zuspiel/ der Sprung/ der Gründung/ die Zukünftigen/ der letzte Gott » (Heidegger, *Beiträge*, § 1, p. 7). Tous les éléments sont présents, mais « Le Prélude » plutôt que « L'Estre » deviant la première partie et *Abklang*, l'Écho devient la deuxième, etc.

251 Voir Heidegger, « Lettre à Richardson », dans *Questions IV*, p. 188.

Dans ce cas aussi, Heidegger peut s'identifier avec Nietzsche comme auteur persécuté ou mal compris, et les contraintes éditoriales subies par ce premier livre tendent à constituer ce que Heidegger sa vie durant tint pour des « manipulations journalistiques » — un thème qui revient dans les *Cahiers Noirs*.

Les *Contributions* § 259 (paragraphe intitule « Philosophie » comme le paragraphe précédent, § 258) présentent donc une allusion figurée, que Heidegger répète tout au long des *Contributions*, formule expressément modelée sur la répétition faite par Nietzsche à propos des « idéaux ascétiques » dans le troisième essai de la *Généalogie de la morale* (sections 1 et 2) : « M'a-t-on compris ? »

De cette manière, Heidegger simultanément situe et réplique à l'exigence journalistique d'« intelligibilité », ainsi qu'à l'exigence de nouveauté et d'avant-garde qui caractérise notre sensibilité théorique contemporaine, post-postmoderne, post-phénoméno-logique, post-existentielle, etc.: « Se rendre intelligible » fait dire Heidegger à Nietzsche, « c'est le suicide de la philosophie » (B § 259). À l'exception de ma propre recherche, la différence radicale entre l'organisation textuelle des *Contributions* dans sa forme originale et sa reorganization publiée n'a fait l'objet d'aucun commentaire sauf qu'en passant. Rappelons que l'éditeur des *Contributions*, Friedrich-Wilhelm von Herrmann, a pu justifier sa reorganization du texte publié par une note glissée dans la version dactylographiée et datée du 8 mai 1939: « *L'Êstre* [*Seyn*]) en tant que la IIe partie n'est pas placée d'une manière appropriée ; dans la mesure où elle constitue une nouvelle tentative pour appréhender le tout, elle n'a pas sa place ici. »[252] Von Herrmann se fonde sur cette note pour justifier le déplacement de « *L'Êstre* » en tant que première partie » et je dois le répéter: jusqu'à la *fin* du manuscrit, postulant manifestement que l'expression « nouvelle tentative pour appréhender le tout » impose de faire de *L'Êstre* un épilogue. En d'autres termes, dans le texte original de Heidegger

---

[252] Voir von Hermann, « Nachwort des Herausgebers », p. 514.

(manuscrit aussi bien que dans la version dactylographiée) « Écho » n'est plus la deuxième division d'un texte comprenant huit parties, mais devient la troisième division, commençant non avec la section 50 (qui devrait normalement suivre après 49) mais désormais avec la section 75. « Êstre », par contre, était la deuxième section, mais par la transposition effectuée par von Hermann, elle devient la huitième et ce qui avait été désigné section 50 devient maintenant la section 281. Tous les sections intermédiaires sont pareillement transposées et « Le dernier Dieu » qui avait été la section finale du texte original, la 281, devient la 256, qui se trouve être la dernière section de la septième division et donc non plus la section ultime, comme elle avait été désignée dans le plan du texte[253].

Étant donné cette transposition radicale, il faut se demander comment lire ou interpréter ce petit papier où Heidegger indique peut-être l'ordre de présentation à suivre, en particulier là où il contredit les attentes des lecteurs (ainsi que l'ordre optimal dans lequel certains auteurs devraient être abordés, plaçant Aristote avant Nietzsche, pour prendre un exemple gui ne doit rien au hasard). De même, comment lire les remarques qu'il fait dans ses cours, parenthèses qui correspondent aussi à l'organisation didactique du cours ?

Il n'y a rien d'inhabituel chez Heidegger dans le fait d'attirer l'attention sur une dissonance apparente dans l'ordre de présentation de ses textes[254] ni, conformément à son style « musical » que j'ai étudié ailleurs[255], ni de presenter des remarques à la fois rétrospectives et anticipatoires — conformément au bon style scolastique — tout au long de ses textes et pas seulement en conclusion. Heidegger apporte fréquemment des ajouts à ses écrits ; après tout, il appartient à

[253] *Ibid.,* p. 514-515.

[254] Ces commentaires relatifs à la disposition des textes (destinés à remettre en question les présuppositions des lecteurs et l'agencement de l'ensemble du texte) sont frequents chez Heidegger, par exemple dans le déploiement de l'argumentation pour *Être et Temps, l'Introduction à la métaphyique* ou *Qu'appelle-t-on penser?*

[255] Voir mon étude sur la cadence de l'argumentation schématique de Heidegger déjà cité ci-dessus, ainsi que mon livre, *Words in Blood, Like Flowers,* chapitre huit.

une génération d'auteurs qui insère des ajouts à un texte *achevé,* habitude qui s'est éteinte avec le traitement de texte et la disparition de l'idée même de plan conceptuel ou de schéma « d'origine ».

Il a l'habitude d'insérer des remarques *a posteriori* (et sous des formes différentes, comme il l'explique dans l'avant-propos de son *Introduction à la métaphysique:* certaines sont entre *paren-thèses,* d'autres entre crochets. Chaque forme possède une signification spécifique : selon Heidegger, les phrases entre *parenthèses* auraient été ajoutées lors de la première composition du livre, tandis que celles entre *crochets* proviendraient d'une date postérieure)[256]. C'est une pratique qui a fait l'objet de débats considérables, dans le cas notamment de son *Introduction à la métaphysique,* où il écrit à la fin de son texte :

> ce qui est mis sur le marché aujourd'hui comme philosophie du national-socialisme, et qui n'a rien à voir avec la vérité interne et la grandeur de ce mouvement (c'est-à-dire avec la rencontre, la correspondance, entre la technique déterminée planétairement et l'homme moderne) fait sa pêche dans les eaux troubles et ces « valeurs » de ces « totalités ».[257]

Quand exactement ajoute-t-il ces mots qui n'apparaissent qu'en 1953 mais entre parenthèses, d'près Heidegger faisant partie du texte original de 1935 et représentant donc un geste contre le pouvoir national-socialiste? S'agit-il dans certains cas de parenthèses ou plutôt de réserves apportées à sa propre intention et déjà présentes à sa conscience au moment de la rédaction du texte? Ou sont-elles toutes écrites postérieurement? Ou seules certaines le sont-elles ? Et pourquoi ces ajouts ? Étant donné ces questions et les années écoulées entre 1939 et 1976, et vu la préoccupation constante affichée par Heidegger pour la publication de ses oeuvres complètes, il me paraît pour le moins plausible que, s'il avait effectivement eu l'intention d'opérer ce

---

256 Heidegger, *Introduction à la métaphysique,* p. 8.

257 Heidegger, *Introduction à la métaphysique,* p. 202. Voir les remarques du traducteur à ce propos.

déplacement de la seconde section vers la fin du texte, il aurait pu le faire (et la récurrence thématique d'éléments tires des *Contributions* tout au long de ses écrits postérieures accentue encore la vraisemblance de cette hypothèse).

Ce que j'appelle ici « la *Volonté de puissance* de Heidegger » est donc l'appropriation par ce dernier non seulement de l'idée (l'idée même) d'oeuvre posthume de Nietzsche et une reformulation du projet de Nietzsche pour en faire sa propre contribution, mais aussi un essai de s'approprier la puissance de séduction d'un penseur capable d'atteindre une audience comme celle de Nietzsche et de faire avec des mots ce que ce dernier a pu accomplir par ses textes.

Au moins jusqu'au moment de sa mort, Heidegger réalise sa première ambition en préservant l'oeuvre achevée qui devait être sa *Volonté de puùsance* comme son héritage en tant qu'auteur. Et pourtant cette réussite est « détruite » — *kaputtgemacht !,* selon sa propre expression[258] — par l'effort accompli pour reprendre le style de Nietzsche, et c'est dans ce même sens, celui de la stylisation de la langue que, comme je le soutiens ailleurs, la proclamation de Nietzsche constitue en dernière analyse sa propre perte[259]. Ce dont il s'agit, c'est l'orientation stylisée que

---

258 Le récit fait par Gadamer du regret exprimé à la fin de sa vie par Heidegger — « Nietzsche m'a ruiné! » [*Nietzsche hat mich kaputtgemacht !*] — est resté célèbre. Comme d'autres, je l'ai entendu de la bouche même de Gadamer. À l'occasion d'un colloque pour le vingtième anniversaire de la mort de Heidegger, dans le contexte de remarques orales sur Heidegger et Nietzsche (Gadamer lui-même venait de parler bien sûr de Heidegger et de Hegel), Gadamer a présenté une réflexion sur le sens de la « transition » ou *Übergang* (à la fois en philosophie en général et plus précisément dans la perspective de la pensée de Nietzsche). Gadamer, approuvant le jugement de Heidegger, a fait remarquer que « Ce ne serait pas avec une expression conscients — ' Je l'ai accompli ' — que Nietzsche aura it effectue la transition [*Übergang*]. Et il y a une phrase que Heidegger répétait incessamment dans les derniers mois de sa vie et que j'évoque aussi incessamment après l'avoir entendu de la bouche de son fils: ' Nietzsche m'a ruiné '. On l'entendait régulièrement de lui, comme une reconnaissance de son échec. Ce que Nietzsche a aussi essayé d'accomplir, il a lui aussi échoué d'accomplir. » Hans-Georg Gadamer, « Heidegger und Nietzsche. Zu „Nietzsche hat mich kaputtgemacht" », *Aletheia* 9/10, 1996, p. 19. Voir aussi mon livre *Words in Blood, Like Flowers,* chapitre 1, p. 3 et 266.

259 Voir mon *Words in Blood, Like Flowers,* chapitres 1 et 12.

Nietzsche imprime à ses textes pour certains lecteurs (ce qui constitue toujours un accomplissement dans le cas d'une oeuvre publiée — et donc, comme Nietzsche l'aurait fait remarquer, une oeuvre publique et par conséquent ordinaire [voir *Au-delà du bien et du mal,* § 30]).

Mais l'intention stylistique de Nietzsche est ésotérique. Le proceed sélectif dont il est question remonte à Platon. En amenant ses lecteurs *à l'intérieur* de son texte, en écrivant un texte apparemment accessible et surtout en fournissant à tout lecteur quelque chose à tirer du texte en tant que constituant son sens supposé, Nietzsche parvient à exclure la majorité de ses lecteurs. Conséquence de cette accessibilité précisément *exotérique,* on peut dire que le sens ésotérique que peut renfermer le texte se trouve ainsi « protégé » au vu de tous.

Pour Heidegger la distinction ésotérique opérée par Nietzsche est directement pertinente quant à sa propre conception (celle de Heidegger) de la nature du questionnement conune caractère encore maladroit de son invocation « Pour peu de gens, pour ceux qui sont rares » [*für die wenigen — Für die Seltenen*] (B §5; cf. NI), conception selon laquelle l'ésotérisme est différent de celui de Nietzsche mais en reste inspiré. Cette même contrainte stylistique atteint son plus grand pouvoir de séduction dans l'expression inlassablement problématique du silence par Heidegger, un silence qui n'est sans aucun doute pas (ou pas seulement) incapacité de parler. « Dès l'origine, le mot casse pour nous, écrit Heidegger, le mot manque même de devenir mot. » *(Réticence et inquiétude,* B § 13) Plus tard, il soutient dans *Maintenir silence et questionnement* qu'une relation intime, et même essentielle, est inhérente à la fois au questionnement *et* contraint au silence. La question concerne ici l'oreille requise pour entendre, c'est-à-dire l'écoute attentive.

Le dialogue de Heidegger avec la philosophie de Nietzsche et sa rencontre avec le sort de l'héritage posthume se jouent non seulement au plan de la pensée de Nietzsche mais surtout au plan de la structure protéiforme du style de Nietzsche. Ces structure et style se manifestent dans les *Contributions.*

Bien que Heidegger ne cherche pas à *imiter* Nietzsche, il s'approprie ses themes et surtout son style *Entwurf* — c'est-à-dire une ébauche, voire un brouillon (voir l'épigraphe citée ci-dessus). Heidegger produit ainsi l'effet d'une collection de notes, assemblées en vue de la postérité, ordonnée par thèmes, avec des sections numérotées et des paragraphes discontinus, mais tout cela avec une vigueur de langage et d'expression (vigoureux, admettons-le, pour Heidegger : ceci est pas tout à fait la même chose que de parler de force stylistique dans le cas de Nietzsche bien entendû). Heidegger voulait produire le sens et l'effet d'une veritable oeuvre posthume mais sans risquer de se soumettre aux soins de ses éditeurs éventuels. Une des raisons de la popularité de *La Volonté de puissance* vient de la possibilité qu'offre le livre d'un accès intime à l'auteur lui-même — on le voit pour ainsi dire au travail. Heidegger, avouons-le, ne rencontre pas un succès complet dans son effort d'imiter Nietzsche. Mais cela tient aussi au fait que la question et le problème du style deviendront de plus en plus importants dans le développement de la pensée de Heidegger après la Seconde Guerre.

L'ironie ici est que malgré toutes ses préparations, toute cette prévoyance, Heidegger échoua dans son projet de se protéger contre ses éditeurs, même bienveillants. « Il n'y a pas de défense contre le geste charitable », écrit Samuel Beckett dans *Malloy*. Surtout si le geste vient de ceux qui vous veulent du bien.[260]

Et lorsque Heidegger lui-même parle des « bienfaits » effectuées en son nom par son élève Otto Bollnow, se plaignant, et aliénant, comme nous l'avons également vu, même ses lecteurs les plus sympathiques avec son tonm que nous avont deja expliquée ces efforts dans les *Cahiers Noirs*, il est clair qu'il ne pouvait presque ont inventé l'expression de Beckett pour soi-même, et pour des raisons humaines, trop humains.[261] Si

---

[260] Je remercie Tracy Strong pour cette sentiment aussi que pour cette référence.

[261] „Ein gewisser Bollnow, ein Vielschreiber, der sich sogar zu meinen »Schülern« zählt und *»es«* daher wissen muß, veröffentlicht jetzt eine Schrift über das *Wesen* der Stimmungen. Schreiben und Meinen kann man über Alles; warum auch nicht

Gadamer pourrait signaler fait que Heidegger est venu de reconnaître sa propre culpabilité à la fin de sa vie et dans sa reconnaissance des limites de sa reprise de Nietzsche, cela pourrait bien être, si aucun espèce de la grâce rédemptrice alors au moins un signe de la finitude que Heidegger nous a enseigné à reconnaître: chacun de nous pour notre propre partie.

einmal »über« die Stimmungen. »Psychiater« und andere *Leute* haben davon vielleicht einen Nutzen. Und sie sollen ihn reichlich haben." Heidegger, „Überlegungen XIV", *Überlegungen XII-XV Gesamtausgabe* 96, p. 216. Voir ma contribution à la volume collective, Babich, « Heidegger's Black Notebooks: The *Nachlass* and Its *Wirkungsgeschichte* » dans Ingo Farin et Jeff Malpas (éds), *Heidegger's Black Notebooks*, Cambridge: MIT Press, 2016, p. 59-86.

COLLECTION D'AUTEURS ÉTRANGERS

FRÉDÉRIC NIETZSCHE

—

La
Volonté de Puissance

Essai d'une transmutation de toutes les valeurs

(Études et Fragments)

TOME II

TRADUIT PAR

HENRI ALBERT

PARIS
MERCVRE DE FRANCE
XXVI, RVE DE CONDÉ, XXVI

Index des noms propres

Acampora, Christa Davis : 135
Adorno, Theodor : 10, 15-19, 76-77, 79, 92, 98, 105-106, 113, 115-116, 118-120, 124-127
Agamben, Giorgio : 92
Albert, Henri : 136
Anaximandre : 22, 27, 64, 65
Anders, Günther : 17, 23, 25, 76, 91-92, 103-106, 115-117, 120
Antigone : 62, 66
Arendt, Hannah : 10, 12, 14, 17, 38-39, 73, 91-92, 95, 97, 103, 116-117, 120-124
Aristote : 6, 21, 27, 34-35, 49-50, 63-64, 67, 72, 77, 89, 107-108, 117, 146
Asterix : 99
Auerbach, Erich : 15-16
Marc Aurèle : 72
Augustin : 30, 89, 122
Axelos, Kostas : 92

Bachelard, Gaston : 121
Badiou, Alain : 92
Bambach, Charles : 73
Barberini, Faune : 35
Barison, David : 69
Basso, Louis : 121
Baudrillard, Jean : 76
Baeumler, Alfred : 136
Bayard, Pierre : 27
Béatrice : 114
Beaufret, Jean : 9, 16, 21, 29, 50, 55, 59-60, 62, 68, 80, 113
Beauvoir, Simone de : 33, 28
Beckenbauer, Franz : 90
Beckett, Samuel : 150
Benjamin, Walter : 15-16, 105-106, 115-116
Bergoffen, Debra : 70
Bergson, Bergson : 97, 113
Bernard, Claude : 108
Bernasconi, Robert : 79, 143
Bianquais, Geneviève : 136, 138
Blackburn, Simon : 143
Blochmann, Elisabeth : 95
Bollnow, Otto : 150
Borgia, César : 102
Boss, Medard : 56
Botton, Alain de : 125
Boufflet, Joachim : 91
Bourdieu, Pierre : 125
Bricmont, Jean : 114
Brobjer, Thomas : 135, 139 - 136
Brock, Werner : 95
Brugère, Fabienne : 28
Brunschvicg, Léon : 94
Bush, George W. : 71

Caïn : 33
Calcagno, Antonio : 91-92
Callicles : 36
Carnap, Rudolf : 58
Cassiel : 40
Cassirer, Ernst : 93-94
Celan, Paul : 77, 95
Certeau, Michel de : 38
Cesari, Donatella di : 95-96
Chagall, Marc : 90, 97
Chaplin, Charlie : 97
Clotho : 127
Cohen, Joseph : 9, 14,
Cohen, Leonard : 76
Colli, Giorgio : 137
Critchley, Simon : 79

Damiel : 39-41
Dante : 114
Darwin, Charles : 102, 115
Day, Dorothy : 37
Denker, Alfred : 19, 24, 56, 66, 81

Deleuze, Gilles : 121
Derrida, Jacques : 14, 34, 110, 112, 116, 118-119
Descartes, René : 89
Diels, Hermann : 65
Dieu : 68, 72, 77, 78, 97-98, 100, 141
Diethe, Carol : 135
Dilthey, Wilhelm : 89
Diogène Laërtius : 72
Dionysos : 93
Duhem, Pierre : 113-114, 121

Eckhart, Meister : 81
Eichmann, Adolf : 91
Einstein, Albert : 97
Eisenstein, Sergei Michailowitsch : 70
Elden, Stuart : 66
Ellul, Jacques : 75, 104, 109, 112
Emge, Carl August : 135

Falk, Peter : 40-41
Farías, Victor : 9, 12, 66, 73
Farin, Ingo : 58, 133, 151
Faye, Emmanuel : 9, 12, 13-14, 66, 73, 77
Fédier, François : 14, 134-130
Figal, Günther : 10, 95-96, 114
Fink, Eugen : 91
Fioretos, Aristote : 82
Fleck, Ludwik : 70, 114
Förster-Nietzsche, Elisabeth : 135-136, 138
Foucault, Michel : 100
Flanagan, Owen : 29
Fleischacker, Samuel : 97
Fried, Gregory : 124

Gadamer, Hans-Georg : 39, 77, 93, 122, 148
Gance, Abel : 70
Gandillac, Maurice : 94
Ganz, Bruno : 39-41
Gard, Roger Martin du : 98, 100
Gast, Peter : 135-136
Gennes, Marie-Jean de : 91
George, Stefan : 79
Gilligan, Carol : 28-29
Glazebrook, Patricia : 56
Glynn, Simon : 70
Goethe, Johann Wolfgang von : 79
Grimm, Rüdiger Hermann : 134
Gordon, Peter : 93
Groddeck, Wolfram : 137
Grondin, Jean : 61
Guignon, Charles : 28
Gulli, Bruno : 73
Günzel, Stephan : 135
Guzzoni, Alfredo : 141

Haar, Michel : 133
Habermas, Jürgen : 92, 124
Haderlein, Cordula : 1
Hadot, Pierre : 79
Hamburg, Carl H. : 94
Handke, Peter : 39
Hegel, Georg : 73, 78, 83, 89, 101, 115, 148
Heidegger, Hermann : 38
Heidegger, Jörg : 38
Heisenberg, Werner : 23, 60, 80
Hekman, Susan : 29
Hemming, Laurence Paul : 92
Héraclite : 12, 22, 27, 62-64, 67, 72, 79
Hèrmes Psychopompe : 114
Heyse, Hans : 131
Hirsch, Elizabeth Feist : 19, 73, 67, 91, 122-124
Hitler, Adolf : 17, 19, 102
Hoffmann, David Marc : 131, 135
Hobbes, Thomas : 36, 67
Hodge, Joanna : 13, 66
Hölderlin, Friedrich : 68, 76, 78-79, 81-83, 92-93, 110, 137

Hollingdale, R.J. : 139-135
Homère : 68
Hopkins, Gerard Manley : 65
Horkheimer, Max : 15, 92, 102
Horneffer, Auguste : 135-136
Horneffer, Ernst : 135-136, 138
Hume, David : 124
Husserl, Edmund : 13, 69, 83, 89, 91-92, 103, 114-115
Hyperion : 92

Illich, Ivan : 38, 76

Jackson, Kathryn : 29
Janicaud, Dominique : 14, 55, 61, 86, 92, 103, 110, 112-113, 115, 132-133
Janz, Curt Paul : 135
Jarrell, Randall : 72
Jaspers, Karl : 10, 21, 39, 73, 91 121
Jonas, Hans : 92, 95, 97

Kafka, Franz : 90, 97
Kaleko, Mascha : 95
Kant, Emmanuel : 20, 24, 31, 34-36, 43, 47, 49, 51, 80, 89, 94, 103, 138
Kateb, George : 77
Kaufmann, Walter : 138-139
Kern, Eduard : 9
Kierkegaard, Søren : 89
Kimball, Roger : 11-12
King-Kong : 102
Klee, Paul : 59
Köselitz, Heinrich, *voir* Gast, Peter
Kohlberg, Lawrence : 29
Kraus, Karl : 71
Krell, D. F. : 141-142

Lacan, Jacques : 57, 70, 73
Lacoue-Labarthe, Philippe : 14, 70, 126
lang, k.d. : 76
Lange, Albert : 137
Latour, Bruno : 70, 104, 114, 121, 125
Lady Gaga : 34
Landweer, Hilge : 28
Launay, Marc de : 135
Leibniz, Gottfried : 89
Lénine, Vladimir Ilitch : 18
Lennon, John : 27
Leopold, Aldo : 80
Levinas, Emmanuel : 77, 79, 97, 103, 116
Liebermann, Max : 90
Löwith, Karl : 9, 12, 95
Lukács, Georg 124

MacIntyre, Alasdair : 20, 91
MacLeish, Archibald : 71
Malpas, Jeff : 58, 133, 151
Malraux, André : 127
Mangold, Otto : 11
Marcuse, Herbert : 23, 73, 92, 95, 104, 116
Martin, Bernd : 10
Marx, Karl : 82, 83, 89, 92
Mattei, Jean-François : 55
Maurer, Reinhard : 92
Maurin, Peter [Aristide Pierre] : 37
May, Arnd : 28
Maier-Katkin, Daniel : 71
McCartney, Paul : 23
Mehring, Reinhard : 116
Mendelssohn, Moses : 90
Merleau-Ponty, Maurice : 13
Metz, Friedrich : 11
Milhaud, Darius : 97
Milet, Jean-Philippe : 104
Miyasaki, Donovan : 15
Montaigne, Michel de : 20, 34
Montinari, Mazzino : 135, 137
Mulhall, Stephen : 28

Naess, Arno : 80
Nancy, Jean-Luc : 14, 70

Nehamas, Alexander : 34
Neske, Günther : 13
Newmark, Catherine : 28
Nicholson, Graeme : 14
Nietzsche, Friedrich : 17-22, 24, 27, 32, 34, 36, 39, 43-44, 47, 50-51, 55-57, 64-65, 67, 72, 77, 79-82, 84, 89, 92-93, 96, 98-100, 102, 106-107, 109, 113-115, 117-120, 127, 131f
Noddings, Nell : 28-29
Nolte, Ernst : 13

Obama, Barack : 71
Oehler, Max : 131
Olafson, Fred : 28
Orphée : 114
Orwell, George : 71
Ott, Hugo : 20
Otto, Walter : 131

Paley, John : 28-29
Parménide : 57
Parsifal : 102
Périclès : 67
Piaget, Jean : 38
Platon : 51, 59, 64, 89, 105, 109, 149
Plotin : 89
Pöggeler, Otto : 133-134
Polt, Richard : 151
Pos, Hendrik J. : 93-94
Proust, Marcel : 97

Rand, Ayn : 19, 36
Rée, Paul : 113-114
Rée, Jonathan : 114
Richardson, William J. : 11, 28, 61-63, 115, 141, 144
Ricoeur, Paul : 97, 113
Riefenstahl, Leni : 139
Rilke, Rainer Maria : 40, 62, 79
Rockmore, Tom : 13
Roos, Richard : 135
Rosenzweig, Franz : 90
Ross, Daniel : 69
Rousseau, Jean Jacques : 38
Rubenstein, Richard L. : 124
Ryle, Gilbert : 81, 143

Safranski, Rüdiger : 13
Salanskis, Jean-Michel : 116
Sartre, Jean-Paul : 33, 59, 69, 83, 94, 97-101, 113, 120, 122, 127
Sauer, Joseph : 12
Scheler, Max : 91
Schmid, Holger : 138
Schmitt, Carl : 18, 72, 126
Schneeberger, Guido : 9, 12, 73
Scholem, Gershom : 10, 39, 90, 99, 121
Schopenhauer, Artur : 48
Schürmann, Reiner : 14, 61, 81, 91-92, 133, 142
Schwann, Alexander : 14
Scot, Duns : 89
Secretan, Philibert : 91
Sénèque : 77
Sepp, Hans-Rainer : 91
Serres, Michel : 121
Sheehan, Thomas : 12, 62, 77
Silène : 93
Simplicius : 64
Simondon, Gilbert : 104, 121
Sinnerbrink, Robert : 24, 82
Sloterdijk, Peter : 92
Small, Robin : 114
Socrate : 64
Sokal, Alan : 114
Solon : 67
Sophocle : 6, 15, 21, 27, 50, 62, 66-67, 92
Souriau, Étienne : 104, 121
Spengler, Oswald : 140-141
Spinoza, Baruch de : 97
Staiger, Emile : 60
Stegmaier, Werner : 137
Stein, Edith : 90, 117, 87, 88, 113

Stengers, Isabelle : 121
Stern, Günther, *voir* Anders
Stern, Martin : 137
Stern, William : 92
Stiegler, Bernard : 70
Strauss, Leo : 95, 97, 103-104, 116
Strong, Tracy Burr : 14, 17, 18, 66, 71, 150
Suess, Wilhelm : 11
Szilasi, Wilhelm : 95

Taminiaux, Jacques : 24, 66, 81, 91, 115, 133
Taubes, Jacob : 116
Taubes, Susan : 116
Theunissen, Michael : 103
Theweleit, Klaus : 100
Thomas d'Aquin : 89
Thrasymaque : 64
Thucydide : 67
Tongeren, Paul van : 34
Trakl, Georg : 59, 79
Trawny, Peter : 9, 12, 73, 90, 95, 97, 99-100, 106, 114, 117, 120

Vattimo, Gianni : 92
Vézin, François : 90-92, 110-111, 116-117, 122, 125
Vietta, Silvio : 19, 120-121
Virilio, Paul : 75, 104
von Hermann, Friedrich-Wilhelm : 128, 144-146
von Möllendorf, Wilhelm : 11-12
von Trotta, Margarethe : 10, 39, 121

Wagner, Richard : 137
Waelhens, Alphonse de : 9
Wahl, Jean : 113
Weber, Max : 39, 89
Weil, Simone : 91
Weiss, Otto : 135-136
Wenders, Wim : 39, 41
Welte, Bernard : 62
Wolin, Richard : 13, 77, 95, 117
Würzbach, Friedrich : 135-136

Zaborowski, Holger : 19, 24, 56, 66, 73, 81
Zagury-Orly, Raphaël : 9, 10
Zarathoustra : 44, 57, 107
Zimmermann, Bastian : 28
Žižek, Slavoj : 125

REMERCIEMENTS

En trois parties, avec tous mes sentiments les plus respecteux, du commencement jusqu'à la fin. Et pour commencer je pense encore de l'influence important pour moi de Dominique Janicaud et Reiner Schürmann. Je remercie mes maîtres, les Professeurs Hans-Georg Gadamer, le Père jésuite William J. Richardson, et Jacques Taminiaux. Et de même David B. Allison, parce que ce fut avec lui que j'ai commencé mes lectures, il y a toutes ces années, de Heidegger et, bien sur, de Nietzsche.

Pour le livre entier je remercie Tracy B. Strong pour avoir accompli une première traduction et surtout à Christophe Perrin pour sa lecture soigneuse, ses corrections, ses suggestions et questions méticuleuses.

I. Éthique et assistance

Je suis reconnaissante su Professeur Mireille Lavoie pour sa très gracieuse invitation, avec l'encouragement, *sine qua non*, de Pawel Krol, à présenter une première version d'une partie de ces réflexions lors d'une conférence à la Faculté des sciences infirmières de l'Université Laval en janvier 2014, lors de ma visite à l'occasion de la soutenance doctorale très réussie de M. Krol. Je remercie aussi Mireille Lavoie, Clémence Dallaire et Pawel Krol lui-même pour une discussion fascinante et engagée lors d'un dîner qui se prolongea jusqu'aux petites heures à Québec.

Ma reconnaissance va à Tracy Strong; je le remercie aussi pour ses encouragements et, surtout, pour ses conseils. Je suis aussi redevable à Richard Cobb-Stevens, Holger Zaborowski, Alfred Denker, William J. Richardson. S.J., encore une fois, et Michael Medzech (qui a bien compris l'analogie avec le football americain lors de la version allemande de cet exposé de ce chapitre à Messkirch, en mai 2014, et encore une seconde fois à Vallendar en Juillet 2015), entre autre pour leur aide personnelle et leur soutien intellectuel. Je suis particulièrement reconnaissante au Professeur Marie-Ève Morin, rédactrice-en-chef de la revue *Symposium* ; à Catherine Draperi, la co-rédactrice-en-chef de la revue *Éthique & Santé* et aux encouragements de Dimitri Ginev, rédacteur-en-chef de *Divinatio*.

II. L'Humanisme

Je remercie Bettina Bergo et Jean Grondin pour l'invitation de présenter mes réflexions sur Heidegger et sa correspondance avec Beaufret dans le contexte de l'après-guerre en juin 2015 à l'Université de Montréal. Je dois à Tracy Strong d'avoir secondé ma lecture en ces terres francophones. Je suis redevable également pour leurs discussions et notre dialogue (en Allemand) à Holger Zaborowski, Dimitri Ginev, Annette Hornbacher et sûrtout Holger Schmid, de même qu'à Christiane Bailey pour ses interventions et pour avoir partagé certaines de mes réflexions sur les animaux, ainsi que la lourde question de l'éthique, de la résponsabilité et du droit à la fois pour ce qui est de la compréhension d'affirmations propres de Heidegger et de divers exemples. Ce chapitre sur la *Lettre sur l'humanisme* dans le contexte de la guerre a été présenté initialement en allemand, sous le titre large de « Technik in Martin Heideggers, *Brief über den Humanismus*' und Hölderlins Hymne '*Der Ister*' » (cette version incluant une analyse assez longue de Hölderlin), ceci le 16 décembre 2012, lors de la première séance du *Vallendarer Kolloquium zur Geschichte der Philosophie* tenue à l'Université de Vallendar récemment reconnue par l'État, suite à la généreuse invitation d'Holger Zaborowski. Je sais reconnaissante, enfin, à l'organisateur du meeting annuel du *Heidegger Circle* de 2013, David Pettigrew, qui m'offrit l'opportunité de présenté une version anglaise de ce texte à New Haven le 3 mai 2013.

III. Heidegger et ses juifs

Pour ce qui est de ce troisième et dernier essai, ma gratitude va à deux chercheurs aimables et affables, profonds et joyeux, Joseph Cohen et Raphaël Zagury-Orly, qui l'avaient sollicité initialement pour présentation lors de leur colloque « Heidegger et les 'juifs' » (bien que mon temps de parole ait été tronqué... ah, mais *toutes* les femmes qui ont parlé ce jour à la Bibliotheque nationale de France ont joui d'un temps de parole plus court que les intervenants masculins, en sorte que mon français n'y était pour rien) – je suis d'ailleurs reconnaissante à Gérard Guest pour la bonté dont il a fait preuve en soulignant mon soin dans la prononciation des mots les plus compliqués à prononcer en sa langue pour quelqu'un d'étranger). Avec des contributions de valeur, Christophe Perrin et les deux éditeurs participent eux-mêmes à un volume qui, judicieusement, propose un florilège stupéfiant de points de vue différents et de perspectives diverses — et ils le proposent judicieusement dans un seul livre, un exploit dont la difficulté est de naviguer entre Charybde et Scylla, entre la condamnation et l'apologie, lesquels mettent souvent le lecteur face à des rejets sommaires des deux côtés.

Pour la lecture et les corrections bien faites de ma texte, mais nullement pour mes erreurs qui restent tout à fait les miennes, je remercie fortement pour sa gentillesse et pour ses reflexions philosophiques, M. Christoph Perrin.

Supplement

« Le problème de l'oeuvre posthume » a été imprimé sous le titre de « Le sort du Nachlass: le problème de l'œuvre posthume » dans Pascale Hummel, éd., *Mélivres/Misbooks. Études sur l'envers et les travers du livre,* Paris: Philogicum, 2009, pp. 123-140.

Dédicace

Aux chats, sérieux en toute occasion, à tous les chats : partout.

À mes chats, ceux que j'ai 'eus' et pour lesquels je n'ai pas réussi, quelle que soit la manière, à être présente. Aux chats que j'ai croisés dans les rues, sans leur porter secours, y compris ce chat qui, il y a trente ans, m'a suivi à Paris dans le quartier Montparnasse, aux chats que je n'ai pas réussi à attraper à Stresa, Rome, Athènes, Cassis. Nous offrons du réconfort mais non de la sollicitude à nos animaux domestiques, eux qui souffrent de la possession aveugle qui est la nôtre à leur égard. Nous prenons pour nous le temps de leur vie, le seul qu'ils ont (et la sollicitude n'a rapport qu'avec la vie et le temps). Nous les contraignons à vivre selon nos conditions et donc à souffrir notre inévitable manque de considération, même de la part de ceux qui, comme moi, les aiment.

Je dédie ce livre à mes chats, dont la mémoire et la merveille font partie de la vie que j'ai partagée avec eux : aux chats angora turc (cette désignation est uniquement esthétique) ; à Otter et à Silver ; au chat norvégien de génie George Baxter ; ainsi qu'à mes récents amis norvégiens : à l'artiste français de l'amour, Ulysse ; comme enfin à l'esprit allemand *von feiner Stimmung*, de noble – et injuste – souffrance (et toute souffrance à nos yeux est injuste, même et surtout quand nous croyons bien faire) : Tyron Troll.

Sur l'auteur

Babette Babich est professeur de philosophie à Fordham University à New York. Ses recherches portent principalement sur la philosophie de la science (et de la technologie), comme sur les styles philosophiques et la politique universitaire. Elle s'intéresse aussi aux politiques de publication et d'attribution des postes. Elle s'intéresse à la technique, à la philosophie antique, à l'esthétique, en particulier aux approches de la théorie critique de la phénoménologie et l'hermeutique, aussi bien qu'aux questions de philosophie féministe et les questions de la philosophie des médias.

Elle est engagée depuis longtemps à la défense des animaux, des droits éthiques, au fait d'être une personne, aux arbres, aux rivières et aux questions écologiques. Elle a une sympathie particulière pour les écureuils qui lui ont valu de publier contre la politique raciste destinée à détruire une espèce pour en sauver un autre (le rouge et le gris – un grand problème qui manifeste nos préjugées dans la désignation d'une espèce comme « invasive » espèce qui, bien sûr, n'est jamais la nôtre).

Fig. 8. Image fixe tirée de video de Babette Babich, *Getting to Hogwarts*. Voir https://www.youtube.com/watch?v=kpTm5RZo8kg et inclus dans : Babette Babich "Pedagogy and Other Defenses against the Dark Arts: Professor Severus Snape and Harry Potter," *The Philosophical Salon: Los Angeles Review of Books*, 28 Decembre 2015.
http://thephilosophicalsalon.com/pedagogy-and-other-defenses-against-the-dark-arts-professor-severus-snape-and-harry-potter/

Elle est l'auteur d'ouvrages sur des questions de genre, de désir, autant que sur la digitalisation du marquage analysée par Adorno dans l'industrie culturelle, l'auteur également d'un livre sur la culture des « *covers* » dans la musique populaire, axé notamment sur le « *cover* » par k. d. lang de l'*Hallelujah* de Leonard Cohen ; ce livre, *The Hallelujah Effect. Philosophical Reflections on Music, Performance Practice and Technology* (2013), procède à une discussion de la musique de l'antiquité et de Beethoven dans le livre de Nietzsche sur la tragédie grecque.

Elle est l'éditrice de deux *Festschriften*, honorant deux philosophes jésuites, l'un, né à Dublin, Patrick Aidan Heelan, et l'autre, originaire de New York City, William J. Richardson, aussi bien qu'un volume posthume honorant Joseph J. Kockelmans et célébrant le travail de phénémenologique de F. Joseph Smith. Elle est aussi l'auteur d'un texte dédié à la mémoire de Joan Stambaugh sur les traductions de Heidegger et Parménide et d'un essai sur le travail de Reiner Schürmann. Elle a écrit sur Günther Anders et sa critique de la technologie/culture média/futurologie.

Éditrice ou co-éditrice donc de huit livres, ses plus récents collectifs édités comprennent, avec Dimitri Ginev, *The Multi-dimensionality of Hermeneutic Phenomenology* (2014), volume qui traite de l'herméneutique des sciences naturelles, de l'esthétique et de la théologie. *Hermeneutic Philosophies of the Social Sciences* (2016) paraîtra bientôt, ainsi qu'un autre collectif sur la question du goût. Elle prépare des monographies sur Nietzsche et le lyrique antique et Heidegger et la technique.

Elle est rédactrice en chef du journal de la *Nietzsche Society*, *New Nietzsche Studies*, qui a publié seize numéros thématiques depuis 1996. Le dernier en date porte sur *Nietzsche and Kant* (2013-2014) et le prochain (2015) à paraître traitera de l'art, de Sigmund Freud et Thomas Mann, de Kierkegaard et même de l'economie politique (2015).

Fig. 9. Image fixe tirée de video de Babette Babich, *Getting to Hogwarts*. Voir https://www.youtube.com/watch?v=kpTm5RZo8kg

TABLE DES MATIÈRES

DU SOUCI D'AUTRUI ET DE LA SOLLICITUDE CHEZ HEIDEGGER 7

Avant-propos. Le politique et le jugement 9

Vers une definition de l'ethique 15

« quand écrirez-vous une éthique ? » *15*

Éthique et assistance 27

Nous sommes deja et toujours dans un regard d'assistance envers les autres 39

ജ⊃⊂ഗ 47

Résumé 50

L'HUMANISME 54

Un politique brise : De la guerre et de la «Lettre sur l'humanisme» de Heidegger 55

Le « tournant » dans la pensee de Heidegger 60

L'habitation 64

Dans le sillage de la guerre 69

Post-scriptum non-conclusif (et bien marxisant) 83

HEIDEGGER ET SES JUIFS 89

L'influence dans l'histoire et le jeu des noms propres: qui compte, qui ne compte pas. 89

Heidegger et ses juifs 97

Résumé 119

Coda 122

Post Scriptum 124

SUPPLEMENT HEIDEGGER/NIETZSCHE 130

LE PROBLÈME DE L'ŒUVRE POSTHUME 131

Introduction : le probleme des oeuvres posthumes de Nietzsche 131

DE HEIDEGGER EDITEUR A LA VERSION PUBLIEE DES *CONTRIBUTIONS* COMME SA *VOLONTE DE PUISSANCE* 140
L'ÉDITION « *LETZTER HAND* » 143

INDEX DES NOMS PROPRES **153**

REMERCIEMENTS **158**

I. ÉTHIQUE ET ASSISTANCE 158
II. L'HUMANISME 159
III. HEIDEGGER ET SES JUIFS 159
SUPPLEMENT 160

SUR L'AUTEUR **163**

Philosophie aux éditions L'Harmattan

Dernières parutions

LE COMBAT PHILOSOPHIQUE DE MAURICE BLONDEL CONTRE LA DOUBLE IGNORANCE DES MASSES
Diakiodi Adrien
Il existe deux types d'ignorance que Maurice Blondel, philosophe, sociologue et théologien français, invite tout homme à combattre énergiquement pour éviter la disparition prématurée de l'espèce humaine, mais également celle de la planète Terre. Il y a, d'une part, l'ignorance de soi-même, de son être en perpétuel devenir et, d'autre part, celle de ses semblables, de son environnement, du monde physique et de l'Unique nécessaire. Ce livre s'assigne comme objectif de vulgariser les armes pour combattre ces deux fléaux, armes présentées dans sa thèse de doctorat qui l'a rendu célèbre : L'Action (1893).
(Coll. Ouverture Philosophique, 12.50 euros, 100 p.)
ISBN : 978-2-343-07377-4, ISBN EBOOK : 978-2-336-39896-9

CORPS ET POP CULTURE
Bischoff Jean-Louis
Quelles sont les principales représentations pop culturelles du corps ? Pour y répondre, Jean-Louis Bischoff interroge des musiques actuelles, la cyberlittérature, le cinéma et l'industrie de la forme. Faire apparaître et scruter les catégories de « corps réduit », d'« hyper corps », de « corps digitalisé » ou de « corps écrit », de « corps utopique » et de « corps fardeau », puis ausculter la notion de corps réel et pointer les dangers d'un nouveau purisme sont les tâches que se donne l'auteur.
(Coll. Ouverture Philosophique, 19.00 euros, 184 p.)
ISBN : 978-2-343-07378-1, ISBN EBOOK : 978-2-336-39709-2

DE DERRIDA À LÉVINAS, LA DETTE ET L'ENVOI
Le temps de l'autre
La déconstruction et l'invention du futur
Badleh Jalal
La Déconstruction est le nom de la pensée de l'évènement. Mais elle est aussi l'événement, le nom de ce qui arrive, la justice ou l'impossible. Comment s'opère la coordination entre ces deux définitions ? Qu'est-ce qu'un questionnement déconstructif ? Quelle est la place du sujet postdéconstructif dans cette opération ? Cet ouvrage essaie de répondre à ces questions à travers le dialogue qui a eu lieu entre Jacques Derrida et Emmanuel Lévinas.
(Coll. Ouverture Philosophique, 31.00 euros, 290 p.)
ISBN : 978-2-343-07449-8, ISBN EBOOK : 978-2-336-39841-9

FIGURES PHILOSOPHIQUES DU CONFLIT
Sous la direction d'Andreas Wilmes, Joan-Antoine Mallet
L'ambition de cet ouvrage est d'illustrer à la fois comment la philosophie conceptualise le conflit et comment elle s'efforce d'en résoudre les dangers inhérents. Plutôt que de proposer un aperçu

purement abstrait de la notion de « conflit », l'ensemble des travaux se focalise sur la confrontation des philosophes à des problèmes historiques tels que la guerre, la dissension sociale, la tyrannie, ou encore le sport.
(Coll. Ouverture Philosophique, 24.50 euros, 238 p.)
ISBN : 978-2-343-07356-9, ISBN EBOOK : 978-2-336-39796-2

FRONTIÈRES DU VISAGE
(Analogique-numérique)
Boisnard Philippe
À travers une histoire de la représentation, cet essai tente d'interroger la question de l'effacement du visage. Si, pendant longtemps, cet effacement était dû à des stratégies de pouvoir, politiques et économiques, il semblerait qu'avec la démocratisation des technologies, peut-être, ceux qui étaient les effacés de l'histoire de la représentation peuvent enfin apparaître. Mais, à l'ère des réseaux, est-ce aussi simple ?
(Coll. Eidos série Retina, 13.00 euros, 110 p.)
ISBN : 978-2-343-07979-0, ISBN EBOOK : 978-2-336-39795-5

HEIDEGGER ET LE PROBLÈME DE LA MÉTAPHYSIQUE
Balazut Joël
Dès 1935 Heidegger retrouve le sens originel de la métaphysique dans la conception présocratique de l'être comme « phusis ». Sur cette base il va interpréter la métaphysique traditionnelle qui apparaît avec Platon pour culminer chez Nietzsche dans une ontologie de la vie et qui prépare le règne moderne de la technique planétaire, comme un «déni» radical de ce sens originel. L'un des intérêts de cette interprétation de la métaphysique, et non des moindres, est ainsi de rendre compte de la signification de la vogue actuelle des philosophies de la vie.
(Coll. Ouverture Philosophique, 14.00 euros, 122 p.)
ISBN : 978-2-343-07296-8, ISBN EBOOK : 978-2-336-39840-2

L'IRONIE DE SOCRATE
Essai sur l'ironie philosophique
Mestiri Samir
Contrairement à l'ironie polémique et insidieuse des sophistes, celle de Socrate est plutôt interrogeante, désirante et ex-centrique, toujours en quête de connaissance vraie. Le fameux « je sais que je ne sais rien » devient chez lui un outil de défigement de la pensée prisonnière des « systèmes compacts », mais, aussi le meilleur remède contre les pseudo-vérités religieuses et idéologiques.
(Coll. Ouverture Philosophique, 12.50 euros, 106 p.)
ISBN : 978-2-343-07035-3, ISBN EBOOK : 978-2-336-39779-5

MATHÉMATIQUES ET FRONTIÈRES
Baudrand Gabriel
Gabriel Baudrand, professeur agrégé de mathématiques, s'intéresse au thème de la frontière. La perception commune du mathématicien est celle d'un technicien enfermé dans son monde, qui dresse une frontière entre son activité et le reste de la vie. Le formalisme de cette science entretient cette frontière alors que paradoxalement les mathématiques sont partout et que le concept même de frontières est mathématique. Autant de pistes de réflexions que l'auteur nous invite à explorer.
(Coll. Eidos série Retina, 12.50 euros, 104 p.)
ISBN : 978-2-343-07951-6, ISBN EBOOK : 978-2-336-39764-1

MÉLANGES OFFERTS À RENÉ SCHÉRER
Sous la direction de Constantin Irodotou
René Schérer, né en 1992, a été l'un des fondateurs du département de philosophie de l'université de Vincennes. Ami de Foucault, Châtelet, Deleuze, Lyotard, Bensaïd, Badiou, Rancière, Brossat, etc. Il se penche d'abord sur Husserl et Heidegger, puis s'intéresse à Charles Fourier. Militant de mai 68, il entreprend, dans son *Émile perverti*, une critique de la pédagogie. Il réactualise aussi,

avec Guy Hocquenghem, le concept philosophique d'âme. «Utopie», «âme» et «hospitalité» sont les trois concepts clefs pour aborder son œuvre.
(Coll. Quelle drôle d'époque !, 38.50 euros, 374 p.)
ISBN : 978-2-343-07527-3, ISBN EBOOK : 978-2-336-39809-9

LA PENSÉE ESTHÉTIQUE DE JOSÉ VASCONCELOS DANS SON SENS ORIGINAIRE
Le contexte historiographique de la philosophie en Amérique hispanique
Luquín Guerra Roberto
La philosophie latino-américaine s'est divisée en deux orientations principales : soit dévalorisée parce que l'on considérait qu'elle ne faisait que reprendre la pensée européenne ; soit on a tenté de la sauver à partir de perspectives étrangères à la philosophie. Roberto Luquin s'interroge sur le sens que peut avoir une recherche sérieuse sur la pensée spéculative d'un philosophe latino-américain. Il soutient que le vasconcelisme est une authentique pensée philosophique, il s'agit d'un geste créateur qui a su faire le lien entre la pensée philosophique et la pratique politique.
(Coll. La philosophie en commun, 29.00 euros, 278 p.)
ISBN : 978-2-343-07624-9, ISBN EBOOK : 978-2-336-39864-8

LES PHILOSOPHIES ENVIRONNEMENTALES EUROPÉENNES
Europeana 6
Collectif
Peut-on parler d'une philosophie environnementale européenne ? Peut-on unifier, sous ce concept, un corpus hétérogène et beaucoup plus diversifié que celui que l'on peut trouver à propos de la philosophie de l'environnement dans la société nord-américaine ? Est-ce qu'une unité géographique, celle de l'Europe, peut suffire pour garantir un dénominateur commun à des conceptions philosophiques aussi diverses, voire divergentes, que celles qui existent sur le «vieux continent» ?
(Coll. Kubaba, 20.00 euros, 184 p.)
ISBN : 978-2-343-07680-5, ISBN EBOOK : 978-2-336-39785-6

LE REGARD EN-PÉCHÉ
Réflexion sur le regard porté sur le corps féminin
Bacha Lilia – Préface de Youssef Seddik – Avant-propos de Michel Sicard
Ferme les yeux et regarde à travers les paupières. Tout au fond de nous, une voix nous suggère cela face au corps de la femme. Sans être dévêtue : la femme est toujours nue, elle est 'awra. Ce terme arabe désigne ce qu'il faut cacher et définit la femme. Quelle est cette créature exhibée par nature, au point de devoir la cacher ? Quels sont les liens entre cette créature et la femme mais aussi l'homme ? Cette réflexion propose de s'y intéresser en naviguant entre orient et occident.
(Coll. Ouverture Philosophique, 25.00 euros, 250 p.)
ISBN : 978-2-343-05808-5, ISBN EBOOK : 978-2-336-39823-5

THOMAS HOBBES ET L'IDÉE DE PUISSANCE
Karray Aouichaoui Mohamed
Ce travail propose l'étude de la théorie de la puissance telle qu'elle s'est développée dans la philosophie de Hobbes. L'idée directrice est que la puissance n'est plus une donnée de la nature mais que c'est à travers l'agir humain qu'elle s'acquiert. Elle est une capacité d'agir sur le monde par le biais de la science. Avec Hobbes, la science devient le moyen le plus spécifique de la puissance, et celle-ci, par le biais de la science, la capacité d'agir sur le monde, tant naturel qu'humain.
(Coll. Ouverture Philosophique, 33.00 euros, 324 p.)
ISBN : 978-2-343-04013-4, ISBN EBOOK : 978-2-336-39810-5

AUX FRONTIÈRES DE L'HUMAIN
Essai sur le transhumanisme
Koest Pierre
Tels des exilés, nous nous trouvons aujourd'hui dans l'entre-deux d'une frontière, qui sépare l'Humain du Trans-humain. Les progrès vertigineux de la convergence des nanotechnologies, biotechnologies, informatique et sciences cognitives font miroiter un futur aux accents utopiques,

qui nous promet longévité accrue et augmentation exponentielle de nos capacités biologiques. Mais apparaît conjointement la menace d'un triomphe de l'intelligence artificielle et à terme de l'extinction de ce que l'on nommait humanité.
(Coll. Eidos série Retina, 19.00 euros, 186 p.)
ISBN : 978-2-343-07664-5, ISBN EBOOK : 978-2-336-39557-9

DE TOUT CŒUR ET EN L'ESPRIT
Choix de lettres d'un Maître spirituel
Schuon Frithjof - Préface de Patrick Laude
Traduit de l'allemand par Chislain Chetan
Tout enseignement spirituel présuppose une modalité orale et personnelle qui est le véhicule d'une transmission et d'un rapport «d'âme à âme» en l'absence desquels la voie spirituelle risquerait de demeurer trop théorique et abstraite. Schuon était un guide spirituel, et sa correspondance concerne ceux qui se trouvaient sous sa direction mais aussi ses lecteurs et tous ceux qui recherchaient ses conseils. Schuon a fait preuve d'une très grande générosité dans la dispensation de son enseignement et dans sa capacité d'écoute et de compassion.
(Coll. Théôria, 24.00 euros, 242 p.)
ISBN : 978-2-343-07753-6, ISBN EBOOK : 978-2-336-39602-6

FRONTIÈRES DU SUJET
Une esthétique du déclin (dialogue intérieur)
Tremblay Thierry
S'inscrivant dans la tradition de la théorie critique, cet ouvrage traite à la fois de philosophie, d'art, de littérature et de cinéma. Le «dialogue intérieur» qu'il met en scène entend exposer par fragmentation allégorique la trajectoire qui a mené à une certaine sensation de déclin, se manifestant par la destruction, le désenchantement et l'apparition de diverses «fins» : fin de l'histoire, fin de l'art, fin de l'homme, fin du monde.
(Coll. Eidos série Retina, 18.00 euros, 174 p.)
ISBN : 978-2-343-07533-4, ISBN EBOOK : 978-2-336-39457-2

LES FRONTIÈRES DU CORPS ET DE L'ESPACE
La métaphysique de Newton
Kalla Stéphane - Préface de Jean-Paul Delahaye
En modifiant les frontières ontologiques de la pensée cartésienne, Newton parvient à construire son propre système métaphysique, propédeutique à l'intégration de la loi de la gravitation en physique. Newton trace une irréductible frontière entre l'espace et le corps : absolutisant le premier, déréalisant le second, et réhabilitant la notion de vide que Descartes avait rejetée, il neutralise ainsi deux problèmes fondamentaux qui sont, d'une part, la relativité du mouvement des corps, et, d'autre part, l'inconsistance ontologique de ces derniers. Il esquisse un nouveau Cosmos où la loi de la gravitation peut prendre sens.
(Coll. Eidos série Retina, 17.50 euros, 164 p.)
ISBN : 978-2-343-07543-3, ISBN EBOOK : 978-2-336-39528-9

MARGINALITÉ ET SUBJECTIVITÉ
La subjectivité dans les seuils du social
Cuestas Fedra
Bien que l'on puisse croire que la problématique de la marginalité soit nouvelle en philosophie, cet ouvrage analyse des auteurs comme Foucault, Butler et Agamben qui, sans s'y consacrer directement, s'y sont focalisés. Dans ce livre, nous abordons la question de la subjectivité, confinée aux marges du social. Nous tentons de réfléchir aux conditions qui produisent ce qui est appelé « marginalité », pour mieux comprendre le lien possible entre les formes de subjectivité et la marginalité.
(Coll. La philosophie en commun, 29.00 euros, 284 p.)
ISBN : 978-2-343-07143-5, ISBN EBOOK : 978-2-336-39678-1

L'HARMATTAN ITALIA
Via Degli Artisti 15; 10124 Torino
harmattan.italia@gmail.com

L'HARMATTAN HONGRIE
Könyvesbolt ; Kossuth L. u. 14-16
1053 Budapest

L'HARMATTAN KINSHASA
185, avenue Nyangwe
Commune de Lingwala
Kinshasa, R.D. Congo
(00243) 998697603 ou (00243) 999229662

L'HARMATTAN CONGO
67, av. E. P. Lumumba
Bât. – Congo Pharmacie (Bib. Nat.)
BP2874 Brazzaville
harmattan.congo@yahoo.fr

L'HARMATTAN GUINÉE
Almamya Rue KA 028, en face
du restaurant Le Cèdre
OKB agency BP 3470 Conakry
(00224) 657 20 85 08 / 664 28 91 96
harmattanguinee@yahoo.fr

L'HARMATTAN MALI
Rue 73, Porte 536, Niamakoro,
Cité Unicef, Bamako
Tél. 00 (223) 20205724 / +(223) 76378082
poudiougopaul@yahoo.fr
pp.harmattan@gmail.com

L'HARMATTAN CAMEROUN
BP 11486
Face à la SNI, immeuble Don Bosco
Yaoundé
(00237) 99 76 61 66
harmattancam@yahoo.fr

L'HARMATTAN CÔTE D'IVOIRE
Résidence Karl / cité des arts
Abidjan-Cocody 03 BP 1588 Abidjan 03
(00225) 05 77 87 31
etien_nda@yahoo.fr

L'HARMATTAN BURKINA
Penou Achille Some
Ouagadougou
(+226) 70 26 88 27

L'HARMATTAN SÉNÉGAL
10 VDN en face Mermoz, après le pont de Fann
BP 45034 Dakar Fann
33 825 98 58 / 33 860 9858
senharmattan@gmail.com / senlibraire@gmail.com
www.harmattansenegal.com

L'HARMATTAN BÉNIN
ISOR-BENIN
01 BP 359 COTONOU-RP
Quartier Gbèdjromèdé,
Rue Agbélenco, Lot 1247 I
Tél : 00 229 21 32 53 79
christian_dablaka123@yahoo.fr

669536 - Août 2016
Achevé d'imprimer par

1livre.com
du rêve à la réalité !